I0232650

HÚNGARO
VOCABULÁRIO

PORTUGUÊS HÚNGARO

Para alargar o seu léxico e apurar as suas competências linguísticas

5000 palavras

Vocabulário Português Brasileiro-Húngaro - 5000 palavras

Por Andrey Taranov

Os vocabulários da T&P Books destinam-se a ajudar a aprender, a memorizar, e a rever palavras estrangeiras. O dicionário é dividido em temas, cobrindo todas as principais esferas de atividades quotidianas, negócios, ciência, cultura, etc.

O processo de aprendizagem, utilizando os dicionários baseados em temáticas da T&P Books dá-lhe as seguintes vantagens:

- Informação de origem corretamente agrupada predetermina o sucesso em fases subsequentes da memorização de palavras
- Disponibilização de palavras derivadas da mesma raiz, o que permite a memorização de unidades de texto (em vez de palavras separadas)
- Pequenas unidades de palavras facilitam o processo de estabelecimento de vínculos associativos necessários para a consolidação do vocabulário
- O nível de conhecimento da língua pode ser estimado pelo número de palavras aprendidas

T&P Books Publishing
www.tpbooks.com

ISBN: 978-1-78767-366-3

Este livro também está disponível em formato E-book.
Por favor visite www.tpbooks.com ou as principais livrarias on-line.

VOCABULÁRIO HÚNGARO
palavras mais úteis

Os vocabulários da T&P Books destinam-se a ajudar a aprender, a memorizar, e a rever palavras estrangeiras. O vocabulário contém mais de 5000 palavras de uso comum organizadas tematicamente.

O vocabulário contém as palavras mais comummente usadas
Recomendado como adicional para qualquer curso de línguas
Satisfaz as necessidades dos iniciados e dos alunos avançados de línguas estrangeiras
Conveniente para o uso diário, sessões de revisão e atividades de auto-teste
Permite avaliar o seu vocabulário

Características especias do vocabulário

* As palavras estão organizadas de acordo com o seu significado, e não por ordem alfabética
* As palavras são apresentadas em três colunas para facilitar os processos de revisão e auto-teste
* As palavras compostas são divididas em pequenos blocos para facilitar o processo de aprendizagem
* O vocabulário oferece uma transcrição simples e adequada de cada palavra estrangeira

O vocabulário contém 155 tópicos incluindo:

Conceitos básicos, Números, Cores, Meses, Estações do ano, Unidades de medida, Roupas & Acessórios, Alimentos & Nutrição, Restaurante, Membros da Família, Parentes, Caráter, Sentimentos, Emoções, Doenças, Cidade, Passeios, Compras, Dinheiro, Casa, Lar, Escritório, Trabalho no Escritório, Importação & Exportação, Marketing, Pesquisa de Emprego, Esportes, Educação, Computador, Internet, Ferramentas, Natureza, Países, Nacionalidades e muito mais ...

TABELA DE CONTEÚDOS

GUIA DE PRONUNCIAÇÃO

Alfabeto fonético T&P	Exemplo Húngaro	Exemplo Português
[ɒ]	takaró [tɒkɒro:]	chamar
[aː]	bátor [baːtor]	rapaz
[ɛ]	öreg [ørɛg]	mesquita
[eː]	csésze [tʃɛːsɛ]	plateia
[i]	viccel [vitsɛl]	sinônimo
[iː]	híd [hiːd]	cair
[o]	komoly [komoj]	lobo
[oː]	óvoda [oːvodɒ]	albatroz
[ø]	könny [køɲ:]	orgulhoso
[øː]	rendőr [rɛndøːr]	orgulhoso
[u]	tud [tud]	bonita
[uː]	bútor [buːtor]	blusa
[y]	üveg [yvɛg]	questionar
[yː]	tűzoltó [tyːzolto:]	vermelho

Consoantes

[b]	borsó [borʃo:]	barril
[c]	kutya [kucɒ]	Tchim-tchim!
[ts]	recept [rɛtsɛpt]	tsé-tsé
[tʃ]	bocsát [botʃaːt]	Tchau!
[d]	dal [dɒl]	dentista
[dz]	edző [ɛdzøː]	pizza
[dʒ]	dzsem [dʒɛm]	adjetivo
[f]	feltétel [fɛlteːtɛl]	safári
[g]	régen [reːgɛn]	gosto
[h]	homok [homok]	[h] aspirada
[j]	játszik [jaːtsik]	Vietnã
[ɟ]	negyven [nɛɟvɛn]	jingle
[k]	katalógus [kɒtɒloːguʃ]	aquilo
[l]	olcsó [oltʃo:]	libra
[m]	megment [mɛgmɛnt]	magnólia
[n]	négyzet [neːɟzɛt]	natureza
[ŋ]	senki [ʃɛŋki]	alcançar
[ɲ]	kanyar [kɒɲɒr]	ninhada
[p]	pizsama [piʒɒmɒ]	presente
[r]	köröm [kørøm]	riscar

Alfabeto fonético T&P	Exemplo Húngaro	Exemplo Português
[s]	szoknya [sokɲɒ]	sanita
[ʃ]	siet [ʃiɛt]	mês
[t]	táska [taːʃkɒ]	tulipa
[v]	vezető [vɛzɛtøː]	fava
[z]	frizura [frizurɒ]	sésamo
[ʒ]	mazsola [mɒʒolɒ]	talvez

ABREVIATURAS
usadas no vocabulário

Abreviaturas do Português

adj	-	adjetivo
adv	-	advérbio
anim.	-	animado
conj.	-	conjunção
desp.	-	esporte
etc.	-	Etcetera
ex.	-	por exemplo
f	-	nome feminino
f pl	-	feminino plural
fem.	-	feminino
inanim.	-	inanimado
m	-	nome masculino
m pl	-	masculino plural
m, f	-	masculino, feminino
masc.	-	masculino
mat.	-	matemática
mil.	-	militar
pl	-	plural
prep.	-	preposição
pron.	-	pronome
sb.	-	sobre
sing.	-	singular
v aux	-	verbo auxiliar
vi	-	verbo intransitivo
vi, vt	-	verbo intransitivo, transitivo
vr	-	verbo reflexivo
vt	-	verbo transitivo

CONCEITOS BÁSICOS

Conceitos básicos. Parte 1

1. Pronomes

eu	én	[e:n]
você	te	[tɛ]
ele, ela	ő	[ø:]
nós	mi	[mi]
vocês	ti	[ti]
eles, elas	ők	[ø:k]

2. Cumprimentos. Saudações. Despedidas

Oi!	Szervusz!	[sɛrvus]
Olá!	Szervusztok!	[sɛrvustok]
Bom dia!	Jó reggelt!	[jo: rɛggɛlt]
Boa tarde!	Jó napot!	[jo: nɒpot]
Boa noite!	Jó estét!	[jo: ɛʃte:t]
cumprimentar (vt)	köszönt	[køsønt]
Oi!	Szia!	[siɒ]
saudação (f)	üdvözlet	[ydvøzlɛt]
saudar (vt)	üdvözöl	[ydvøzøl]
Tudo bem?	Hogy vagy?	[hoɟ vɒɟ]
E aí, novidades?	Mi újság?	[mi u:jʃa:g]
Tchau! Até logo!	Viszontlátásra!	[visont la:ta:ʃrɒ]
Até breve!	A közeli viszontlátásra!	[ɒ køzɛli visont la:ta:ʃrɒ]
Adeus! (sing.)	Isten veled!	[iʃtɛn vɛlɛd]
Adeus! (pl)	Isten vele!	[iʃtɛn vɛlɛ]
despedir-se (dizer adeus)	elbúcsúzik	[ɛlbu:tʃu:zik]
Até mais!	Viszlát!	[visla:t]
Obrigado! -a!	Köszönöm!	[køsønøm]
Muito obrigado! -a!	Köszönöm szépen!	[køsønøm se:pɛn]
De nada	Kérem.	[ke:rɛm]
Não tem de quê	szóra sem érdemes	[so:rɒ ʃɛm e:rdɛmɛʃ]
Não foi nada!	nincs mit	[nintʃ mit]
Desculpa! -pe!	Bocsánat!	[botʃa:nɒt]
desculpar (vt)	bocsát	[botʃa:t]
desculpar-se (vr)	bocsánatot kér	[botʃa:nɒtot ke:r]
Me desculpe	bocsánatot kérek	[botʃa:nɒtot ke:rɛk]

Desculpe!	Elnézést!	[ɛlne:ze:ʃt]
perdoar (vt)	bocsát	[botʃa:t]
por favor	kérem szépen	[ke:rɛm se:pɛn]

Não se esqueça!	Ne felejtse!	[nɛ fɛlɛjtʃɛ]
Com certeza!	Persze!	[pɛrsɛ]
Claro que não!	Persze nem!	[pɛrsɛ nɛm]
Está bem! De acordo!	Jól van!	[jo:l vɒn]
Chega!	Elég!	[ɛle:g]

3. Como se dirigir a alguém

senhor	Uram	[urɒm]
senhora	Asszonyom	[ɒssonøm]
senhorita	Fiatalasszony	[fiɒtɒl ɒssoɲ]
jovem	Fiatalember	[fiɒtɒl ɛmbɛr]
menino	Kisfiú	[kiʃfiu:]
menina	Kislány	[kiʃla:ɲ]

4. Números cardinais. Parte 1

zero	nulla	[nullɒ]
um	egy	[ɛɟ]
dois	kettő, két	[kɛttø:], [ke:t]
três	három	[ha:rom]
quatro	négy	[ne:ɟ]

cinco	öt	[øt]
seis	hat	[hɒt]
sete	hét	[he:t]
oito	nyolc	[ɲolts]
nove	kilenc	[kilɛnts]

dez	tíz	[ti:z]
onze	tizenegy	[tizɛnɛɟ]
doze	tizenkettő	[tizɛŋkɛttø:]
treze	tizenhárom	[tizɛnha:rom]
catorze	tizennégy	[tizɛnne:ɟ]

quinze	tizenöt	[tizɛnøt]
dezesseis	tizenhat	[tizɛnhɒt]
dezessete	tizenhét	[tizɛnhe:t]
dezoito	tizennyolc	[tizɛnɲølts]
dezenove	tizenkilenc	[tizɛŋkilɛnts]

vinte	húsz	[hu:s]
vinte e um	huszonegy	[husonɛɟ]
vinte e dois	huszonkettő	[huson kɛttø:]
vinte e três	huszonhárom	[huson ha:rom]

| trinta | harminc | [hɒrmints] |
| trinta e um | harmincegy | [hɒrmintsɛɟ] |

| trinta e dois | harminckettő | [hɒrmints kɛttø:] |
| trinta e três | harminchárom | [hɒrmintsha:rom] |

quarenta	negyven	[nɛɟvɛn]
quarenta e um	negyvenegy	[nɛɟvɛnɛɟ]
quarenta e dois	negyvenkettő	[nɛɟvɛn kɛttø:]
quarenta e três	negyvenhárom	[nɛɟvɛn ha:rom]

cinquenta	ötven	[øtvɛn]
cinquenta e um	ötvenegy	[øtvɛnɛɟ]
cinquenta e dois	ötvenkettő	[øtvɛn kɛttø:]
cinquenta e três	ötvenhárom	[øtvɛn ha:rom]

sessenta	hatvan	[hɒtvɒn]
sessenta e um	hatvanegy	[hɒtvɒnɛɟ]
sessenta e dois	hatvankettő	[hɒtvɒn kɛttø:]
sessenta e três	hatvanhárom	[hɒtvɒn ha:rom]

setenta	hetven	[hɛtvɛn]
setenta e um	hetvenegy	[hɛtvɛnɛɟ]
setenta e dois	hetvenkettő	[hɛtvɛn kɛttø:]
setenta e três	hetvenhárom	[hɛtvɛn ha:rom]

oitenta	nyolcvan	[ɲoltsvɒn]
oitenta e um	nyolcvanegy	[ɲoltsvɒnɛɟ]
oitenta e dois	nyolcvankettő	[ɲoltsvɒn kɛttø:]
oitenta e três	nyolcvanhárom	[ɲoltsvɒn ha:rom]

noventa	kilencven	[kilɛntsvɛn]
noventa e um	kilencvenegy	[kilɛntsvɛnɛɟ]
noventa e dois	kilencvenkettő	[kilɛntsvɛn kɛttø:]
noventa e três	kilencvenhárom	[kilɛntsvɛn ha:rom]

5. Números cardinais. Parte 2

cem	száz	[sa:z]
duzentos	kétszáz	[ke:tsa:z]
trezentos	háromszáz	[ha:romsa:z]
quatrocentos	négyszáz	[ne:ɟsa:z]
quinhentos	ötszáz	[øtsa:z]

seiscentos	hatszáz	[hɒtsa:z]
setecentos	hétszáz	[he:tsa:z]
oitocentos	nyolcszáz	[ɲoltssa:z]
novecentos	kilencszáz	[kilɛntssa:z]

mil	ezer	[ɛzɛr]
dois mil	kétezer	[ke:tɛzɛr]
três mil	háromezer	[ha:romɛzɛr]
dez mil	tízezer	[ti:zɛzɛr]
cem mil	százezer	[sa:zɛzɛr]

| um milhão | millió | [millio:] |
| um bilhão | milliárd | [millia:rd] |

6. Números ordinais

primeiro (adj)	első	[ɛlʃøː]
segundo (adj)	második	[maːʃodik]
terceiro (adj)	harmadik	[hɒrmɒdik]
quarto (adj)	negyedik	[nɛɟɛdik]
quinto (adj)	ötödik	[øtødik]

sexto (adj)	hatodik	[hɒtodik]
sétimo (adj)	hetedik	[hɛtɛdik]
oitavo (adj)	nyolcadik	[ɲoltsɒdik]
nono (adj)	kilencedik	[kilɛntsɛdik]
décimo (adj)	tizedik	[tizɛdik]

7. Números. Frações

fração (f)	tört	[tørt]
um meio	fél	[feːl]
um terço	egy harmad	[ɛɟ hɒrmɒd]
um quarto	egy negyed	[ɛɟ nɛɟɛd]

um oitavo	egy nyolcad	[ɛɟ nøltsɒd]
um décimo	egy tized	[ɛɟ tizɛd]
dois terços	két harmad	[keːt hɒrmɒd]
três quartos	három negyed	[haːrom nɛɟɛd]

8. Números. Operações básicas

subtração (f)	kivonás	[kivonaːʃ]
subtrair (vi, vt)	kivon	[kivon]
divisão (f)	osztás	[ostaːʃ]
dividir (vt)	oszt	[ost]

adição (f)	összeadás	[øssɛɒdaːʃ]
somar (vt)	összead	[øssɛɒd]
adicionar (vt)	hozzáad	[hozzaːɒd]
multiplicação (f)	szorzás	[sorzaːʃ]
multiplicar (vt)	megszoroz	[mɛgsoroz]

9. Números. Diversos

algarismo, dígito (m)	számjegy	[saːmjɛɟ]
número (m)	szám	[saːm]
numeral (m)	számnév	[saːmneːv]
menos (m)	mínusz	[miːnus]
mais (m)	plusz	[plus]
fórmula (f)	formula	[formulɒ]
cálculo (m)	kiszámítás	[kisaːmiːtaːʃ]
contar (vt)	számol	[saːmol]

calcular (vt)	összeszámol	[øssɛsa:mol]
comparar (vt)	összehasonlít	[øssɛhɒʃonli:t]
Quanto?	Mennyi?	[mɛɲɲi]
Quantos? -as?	Hány?	[ha:ɲ]
soma (f)	összeg	[øssɛg]
resultado (m)	eredmény	[ɛrɛdme:ɲ]
resto (m)	maradék	[mɒrɒde:k]
alguns, algumas ...	néhány	[ne:ha:ɲ]
pouco (~ tempo)	kevés ...	[kɛve:ʃ]
resto (m)	egyéb	[ɛɟe:b]
um e meio	másfél	[ma:ʃfe:l]
dúzia (f)	tucat	[tutsɒt]
ao meio	ketté	[kɛtte:]
em partes iguais	egyenlően	[ɛɟɛnlø:ɛn]
metade (f)	fél	[fe:l]
vez (f)	egyszer	[ɛcsɛr]

10. Os verbos mais importantes. Parte 1

abrir (vt)	nyit	[ɲit]
acabar, terminar (vt)	befejez	[bɛfɛjɛz]
aconselhar (vt)	tanácsol	[tɒna:tʃol]
adivinhar (vt)	kitalál	[kitɒla:l]
advertir (vt)	figyelmeztet	[fiɟɛlmɛztɛt]
ajudar (vt)	segít	[ʃɛgi:t]
almoçar (vi)	ebédel	[ɛbe:dɛl]
alugar (~ um apartamento)	bérel	[be:rɛl]
amar (pessoa)	szeret	[sɛrɛt]
ameaçar (vt)	fenyeget	[fɛnɛgɛt]
anotar (escrever)	feljegyez	[fɛljɛɟɛz]
apressar-se (vr)	siet	[ʃiɛt]
arrepender-se (vr)	sajnál	[ʃɒjna:l]
assinar (vt)	aláír	[ɒla:i:r]
brincar (vi)	viccel	[vitsɛl]
brincar, jogar (vi, vt)	játszik	[ja:tsik]
buscar (vt)	keres	[kɛrɛʃ]
caçar (vi)	vadászik	[vɒda:sik]
cair (vi)	esik	[ɛʃik]
cavar (vt)	ás	[a:ʃ]
chamar (~ por socorro)	hív	[hi:v]
chegar (vi)	érkezik	[e:rkɛzik]
chorar (vi)	sír	[ʃi:r]
começar (vt)	kezd	[kɛzd]
comparar (vt)	összehasonlít	[øssɛhɒʃonli:t]
concordar (dizer "sim")	beleegyezik	[bɛlɛɛɟɛzik]
confiar (vt)	rábíz	[ra:bi:z]

confundir (equivocar-se)	összetéveszt	[øssɛte:vɛst]
conhecer (vt)	ismer	[iʃmɛr]
contar (fazer contas)	számol	[sa:mol]
contar com ...	számít ...re	[sa:mi:t ...rɛ]
continuar (vt)	folytat	[fojtɒt]

controlar (vt)	ellenőriz	[ɛllɛnø:riz]
convidar (vt)	meghív	[mɛghi:v]
correr (vi)	fut	[fut]
criar (vt)	teremt	[tɛrɛmt]
custar (vt)	kerül	[kɛryl]

11. Os verbos mais importantes. Parte 2

dar (vt)	ad	[ɒd]
dar uma dica	céloz	[tse:loz]
decorar (enfeitar)	díszít	[di:si:t]
defender (vt)	véd	[ve:d]
deixar cair (vt)	leejt	[lɛɛjt]

descer (para baixo)	lemegy	[lɛmɛɟ]
desculpar-se (vr)	bocsánatot kér	[botʃa:nɒtot ke:r]
dirigir (~ uma empresa)	irányít	[ira:ni:t]
discutir (notícias, etc.)	megbeszél	[mɛgbɛse:l]

disparar, atirar (vi)	lő	[lø:]
dizer (vt)	mond	[mond]
duvidar (vt)	kételkedik	[ke:tɛlkɛdik]
encontrar (achar)	talál	[tɒla:l]
enganar (vt)	csal	[ʧɒl]

entender (vt)	ért	[e:rt]
entrar (na sala, etc.)	bemegy	[bɛmɛɟ]
enviar (uma carta)	felad	[fɛlɒd]
errar (enganar-se)	hibázik	[hiba:zik]
escolher (vt)	választ	[va:lɒst]

esconder (vt)	rejt	[rɛjt]
escrever (vt)	ír	[i:r]
esperar (aguardar)	vár	[va:r]
esperar (ter esperança)	remél	[rɛme:l]
esquecer (vt)	elfelejt	[ɛlfɛlɛjt]

estudar (vt)	tanul	[tɒnul]
exigir (vt)	követel	[køvɛtɛl]
existir (vi)	létezik	[le:tɛzik]
explicar (vt)	magyaráz	[mɒɟɒra:z]

falar (vi)	beszélget	[bɛse:lgɛt]
faltar (a la escuela, etc.)	elmulaszt	[ɛlmulɒst]
fazer (vt)	csinál	[ʧina:l]
ficar em silêncio	hallgat	[hɒllgɒt]
gabar-se (vr)	dicsekedik	[diʧɛkɛdik]
gostar (apreciar)	tetszik	[tɛtsik]

gritar (vi)	kiabál	[kiɒbaːl]
guardar (fotos, etc.)	megőriz	[mɛgøːriz]
informar (vt)	tájékoztat	[taːjeːkoztɒt]
insistir (vi)	ragaszkodik	[rɒgɒskodik]

insultar (vt)	megsért	[mɛgʃeːrt]
interessar-se (vr)	érdeklődik	[eːrdɛkløːdik]
ir (a pé)	megy	[mɛɟ]
ir nadar	úszni megy	[uːsni mɛɟ]
jantar (vi)	vacsorázik	[vɒʧoraːzik]

12. Os verbos mais importantes. Parte 3

ler (vt)	olvas	[olvɒʃ]
libertar, liberar (vt)	felszabadít	[fɛlsɒbɒdiːt]
matar (vt)	megöl	[mɛgøl]
mencionar (vt)	megemlít	[mɛgɛmliːt]
mostrar (vt)	mutat	[mutɒt]

mudar (modificar)	változtat	[vaːltoztɒt]
nadar (vi)	úszik	[uːsik]
negar-se a ... (vr)	lemond	[lɛmond]
objetar (vt)	ellentmond	[ɛllɛntmond]

observar (vt)	figyel	[fiɟɛl]
ordenar (mil.)	parancsol	[pɒrɒnʧol]
ouvir (vt)	hall	[hɒll]
pagar (vt)	fizet	[fizɛt]
parar (vi)	megáll	[mɛgaːll]

parar, cessar (vt)	abbahagy	[ɒbbɒhɒɟ]
participar (vi)	részt vesz	[reːst vɛs]
pedir (comida, etc.)	rendel	[rɛndɛl]
pedir (um favor, etc.)	kér	[keːr]
pegar (tomar)	vesz	[vɛs]

pegar (uma bola)	fog	[fog]
pensar (vi, vt)	gondol	[gondol]
perceber (ver)	észrevesz	[eːsrɛvɛs]
perdoar (vt)	bocsát	[boʧaːt]
perguntar (vt)	kérdez	[keːrdɛz]

permitir (vt)	enged	[ɛŋgɛd]
pertencer a ... (vi)	tartozik	[tɒrtozik]
planejar (vt)	tervez	[tɛrvɛz]
poder (~ fazer algo)	tud	[tud]
possuir (uma casa, etc.)	rendelkezik	[rɛndɛlkɛzik]

preferir (vt)	többre becsül	[tøbbrɛ bɛʧyl]
preparar (vt)	készít	[keːsiːt]
prever (vt)	előre lát	[ɛløːrɛ laːt]
prometer (vt)	ígér	[iːgeːr]
pronunciar (vt)	kiejt	[kiɛjt]
propor (vt)	javasol	[jɒvɒʃol]

punir (castigar)	büntet	[byntɛt]
quebrar (vt)	tör	[tør]
queixar-se de ...	panaszkodik	[pɒnɒskodik]
querer (desejar)	akar	[ɒkɒr]

13. Os verbos mais importantes. Parte 4

ralhar, repreender (vt)	szid	[sid]
recomendar (vt)	ajánl	[ɒja:nl]
repetir (dizer outra vez)	ismétel	[iʃmɛ:tɛl]
reservar (~ um quarto)	rezervál	[rɛzɛrva:l]
responder (vt)	válaszol	[va:lɒsol]

rezar, orar (vi)	imádkozik	[ima:dkozik]
rir (vi)	nevet	[nɛvɛt]
roubar (vt)	lop	[lop]
saber (vt)	tud	[tud]
sair (~ de casa)	kimegy	[kimɛɟ]

salvar (resgatar)	megment	[mɛgmɛnt]
seguir (~ alguém)	követ	[køvɛt]
sentar-se (vr)	leül	[lɛyl]
ser necessário	szükség van	[sykʃe:g vɒn]

ser, estar	van	[vɒn]
significar (vt)	jelent	[jɛlɛnt]
sorrir (vi)	mosolyog	[moʃojog]
subestimar (vt)	aláértékel	[ɒla:e:rtɛ:kɛl]
surpreender-se (vr)	csodálkozik	[tʃoda:lkozik]

tentar (~ fazer)	próbál	[pro:ba:l]
ter (vt)	van	[vɒn]
ter fome	éhes van	[e:hɛʃ vɒn]

ter medo	fél	[fe:l]
ter sede	szomjas van	[somjɒʃ vɒn]
tocar (com as mãos)	érint	[e:rint]
tomar café da manhã	reggelizik	[rɛggɛlizik]
trabalhar (vi)	dolgozik	[dolgozik]
traduzir (vt)	fordít	[fordi:t]

unir (vt)	egyesít	[ɛɟɛʃi:t]
vender (vt)	elad	[ɛlɒd]
ver (vt)	lát	[la:t]
virar (~ para a direita)	fordul	[fordul]
voar (vi)	repül	[rɛpyl]

14. Cores

cor (f)	szín	[si:n]
tom (m)	árnyalat	[a:rɲɒlɒt]
tonalidade (m)	tónus	[to:nuʃ]

arco-íris (m)	szivárvány	[siva:rva:ɲ]
branco (adj)	fehér	[fɛhɛːr]
preto (adj)	fekete	[fɛkɛtɛ]
cinza (adj)	szürke	[syrkɛ]

verde (adj)	zöld	[zøld]
amarelo (adj)	sárga	[ʃaːrgɒ]
vermelho (adj)	piros	[piroʃ]

azul (adj)	kék	[keːk]
azul claro (adj)	világoskék	[vila:goʃkeːk]
rosa (adj)	rózsaszínű	[roːʒɒsi:ny:]
laranja (adj)	narancssárga	[nɒrɒnʧ ʃaːrgɒ]
violeta (adj)	lila	[lilɒ]
marrom (adj)	barna	[bɒrnɒ]

| dourado (adj) | arany | [ɒrɒɲ] |
| prateado (adj) | ezüstös | [ɛzyʃtøʃ] |

bege (adj)	bézs	[beːʒ]
creme (adj)	krémszínű	[kreːmsi:ny:]
turquesa (adj)	türkizkék	[tyrkiskeːk]
vermelho cereja (adj)	meggyszínű	[mɛɟ si:ny:]
lilás (adj)	lila	[lilɒ]
carmim (adj)	málnaszínű	[maːlnɒ si:ny:]

claro (adj)	világos	[vila:goʃ]
escuro (adj)	sötét	[ʃøteːt]
vivo (adj)	élénk	[eːleːŋk]

de cor	színes	[si:nɛʃ]
a cores	színes	[si:nɛʃ]
preto e branco (adj)	feketefehér	[fɛkɛtɛfɛheːr]
unicolor (de uma só cor)	egyszínű	[ɛcsi:ny:]
multicolor (adj)	sokszínű	[ʃoksi:ny:]

15. Questões

Quem?	Ki?	[ki]
O que?	Mi?	[mi]
Onde?	Hol?	[hol]
Para onde?	Hová?	[hova:]
De onde?	Honnan?	[honnɒn]
Quando?	Mikor?	[mikor]
Para quê?	Minek?	[minɛk]
Por quê?	Miért?	[mie:rt]

Para quê?	Miért?	[mie:rt]
Como?	Hogy? Hogyan?	[hoɟ], [hoɟɒn]
Qual (~ é o problema?)	Milyen?	[mijɛn]
Qual (~ deles?)	Melyik?	[mɛjik]

| A quem? | Kinek? | [kinɛk] |
| De quem? | Kiről? | [kirøːl] |

| Do quê? | Miről? | [mirø:l] |
| Com quem? | Kivel? | [kivɛl] |

Quantos? -as?	Hány?	[ha:ɲ]
Quanto?	Mennyi?	[mɛnɲi]
De quem? (masc.)	Kié?	[kie:]

16. Preposições

com (prep.)	val, -vel	[-vɒl, -vɛl]
sem (prep.)	nélkül	[ne:lkyl]
a, para (exprime lugar)	ba, -be	[bɒ, -bɛ]
sobre (ex. falar ~)	ról, -ről	[ro:l, -rø:l]
antes de ...	előtt	[ɛlø:tt]
em frente de ...	előtt	[ɛlø:tt]

debaixo de ...	alatt	[ɒlɒtt]
sobre (em cima de)	fölött	[føløtt]
em ..., sobre ...	n	[n]
de, do (sou ~ Rio de Janeiro)	ból, -ből	[bo:l, -bø:l]
de (feito ~ pedra)	ból, -ből	[bo:l, -bø:l]

| em (~ 3 dias) | múlva | [mu:lvɒ] |
| por cima de ... | keresztül | [kɛrɛstyl] |

17. Palavras funcionais. Advérbios. Parte 1

Onde?	Hol?	[hol]
aqui	itt	[itt]
lá, ali	ott	[ott]

| em algum lugar | valahol | [vɒlɒhol] |
| em lugar nenhum | sehol | [ʃɛhol] |

| perto de ... | mellett, nál, -nél | [mɛllɛtt], [na:l, -ne:l] |
| perto da janela | az ablaknál | [ɒz ɒblɒkna:l] |

Para onde?	Hová?	[hova:]
aqui	ide	[idɛ]
para lá	oda	[odɒ]
daqui	innen	[innɛn]
de lá, dali	onnan	[onnɒn]

| perto | közel | [køzɛl] |
| longe | messze | [mɛssɛ] |

perto de ...	mellett	[mɛllɛtt]
à mão, perto	a közelben	[ɒ køzɛlbɛn]
não fica longe	nem messze	[nɛm mɛssɛ]

| esquerdo (adj) | bal | [bɒl] |
| à esquerda | balra | [bɒlrɒ] |

para a esquerda	balra	[bɒlrɒ]
direito (adj)	jobb	[jobb]
à direita	jobbra	[jobbrɒ]
para a direita	jobbra	[jobbrɒ]
em frente	elöl	[ɛløl]
da frente	elülső	[ɛlylʃøː]
adiante (para a frente)	előre	[ɛløːrɛ]
atrás de ...	hátul	[haːtul]
de trás	hátulról	[haːtulroːl]
para trás	hátra	[haːtrɒ]
meio (m), metade (f)	közép	[køzeːp]
no meio	középen	[køzeːpɛn]
do lado	oldalról	[oldɒlroːl]
em todo lugar	mindenütt	[mindɛnytt]
por todos os lados	körül	[køryl]
de dentro	belülről	[bɛlylrøːl]
para algum lugar	valahova	[vɒlɒhovɒ]
diretamente	egyenesen	[ɛɟɛnɛʃɛn]
de volta	visszafelé	[vissɒfɛleː]
de algum lugar	valahonnan	[vɒlɒhonnɒn]
de algum lugar	valahonnan	[vɒlɒhonnɒn]
em primeiro lugar	először	[ɛløːsør]
em segundo lugar	másodszor	[maːʃodsor]
em terceiro lugar	harmadszor	[hɒrmɒdsor]
de repente	hirtelen	[hirtɛlɛn]
no início	eleinte	[ɛlɛintɛ]
pela primeira vez	először	[ɛløːsør]
muito antes de ...	jóval ... előtt	[joːvɒl ... ɛløːtt]
de novo	újra	[uːjrɒ]
para sempre	mindörökre	[mindørøkrɛ]
nunca	soha	[ʃohɒ]
de novo	ismét	[iʃmeːt]
agora	most	[moʃt]
frequentemente	gyakran	[ɟokrɒn]
então	akkor	[ɒkkor]
urgentemente	sürgősen	[ʃyrgøːʃɛn]
normalmente	általában	[aːltɒlaːbɒn]
a propósito, ...	apropó	[ɒpropoː]
é possível	lehetséges	[lɛhɛtʃeːgɛʃ]
provavelmente	valószínűleg	[vɒloːsiːnyːlɛg]
talvez	talán	[tɒlaːn]
além disso, ...	azon kívül ...	[ɒzon kiːvyl]
por isso ...	ezért	[ɛzeːrt]
apesar de ...	nek ellenére	[nɛk ɛllɛneːrɛ]
graças a ...	... köszenhetően	[køsɛnhɛtøːɛn]
que (pron.)	mi	[mi]

que (conj.)	ami	[ɒmi]
algo	valami	[vɒlɒmi]
alguma coisa	valami	[vɒlɒmi]
nada	semmi	[ʃɛmmi]

quem	ki	[ki]
alguém (~ que …)	valaki	[vɒlɒki]
alguém (com ~)	valaki	[vɒlɒki]

ninguém	senki	[ʃɛŋki]
para lugar nenhum	sehol	[ʃɛhol]
de ninguém	senkié	[ʃɛŋkie:]
de alguém	valakié	[vɒlɒkie:]

tão	így	[i:ɟ]
também (gostaria ~ de …)	is	[iʃ]
também (~ eu)	is	[iʃ]

18. Palavras funcionais. Advérbios. Parte 2

Por quê?	Miért?	[mie:rt]
por alguma razão	valamiért	[vɒlɒmie:rt]
porque …	azért, mert …	[ɒze:rt], [mɛrt]
por qualquer razão	valamiért	[vɒlɒmie:rt]

e (tu ~ eu)	és	[e:ʃ]
ou (ser ~ não ser)	vagy	[vɒɟ]
mas (porém)	de	[dɛ]
para (~ a minha mãe)	… céljából	[tse:ja:bo:l]

muito, demais	túl	[tu:l]
só, somente	csak	[tʃɒk]
exatamente	pontosan	[pontoʃɒn]
cerca de (~ 10 kg)	körülbelül	[kørylbɛlyl]

aproximadamente	körülbelül	[kørylbɛlyl]
aproximado (adj)	megközelítő	[mɛgkøzɛli:tø:]
quase	majdnem	[mɒjdnɛm]
resto (m)	a többi	[ɒ tøbbi]

cada (adj)	minden	[mindɛn]
qualquer (adj)	bármilyen	[ba:rmijɛn]
muito, muitos, muitas	sok	[ʃok]
muitas pessoas	sokan	[ʃokɒn]
todos	mindenki	[mindɛŋki]

em troca de …	ért cserébe	[e:rt tʃɛre:bɛ]
em troca	viszonzásul	[visonza:ʃul]
à mão	kézzel	[ke:zzɛl]
pouco provável	aligha	[ɒlighɒ]

provavelmente	valószínűleg	[vɒlo:si:ny:lɛg]
de propósito	szándékosan	[sa:nde:koʃɒn]
por acidente	véletlenül	[ve:lɛtlɛnyl]

muito	**nagyon**	[nɒɟøn]
por exemplo	**például**	[peːldaːul]
entre	**között**	[køzøtt]
entre (no meio de)	**körében**	[køreːbɛn]
tanto	**annyi**	[ɒɲɲi]
especialmente	**különösen**	[kylønøʃɛn]

Conceitos básicos. Parte 2

19. Dias da semana

segunda-feira (f)	hétfő	[he:tfø:]
terça-feira (f)	kedd	[kɛdd]
quarta-feira (f)	szerda	[sɛrdɒ]
quinta-feira (f)	csütörtök	[ʧytørtøk]
sexta-feira (f)	péntek	[pe:ntɛk]
sábado (m)	szombat	[sombɒt]
domingo (m)	vasárnap	[vɒʃa:rnɒp]

hoje	ma	[mɒ]
amanhã	holnap	[holnɒp]
depois de amanhã	holnapután	[holnɒputa:n]
ontem	tegnap	[tɛgnɒp]
anteontem	tegnapelőtt	[tɛgnɒpɛlø:tt]

dia (m)	nap	[nɒp]
dia (m) de trabalho	munkanap	[muŋkɒnɒp]
feriado (m)	ünnepnap	[ynnɛpnɒp]
dia (m) de folga	szabadnap	[sɒbɒdnɒp]
fim (m) de semana	hétvég	[he:tve:g]

o dia todo	egész nap	[ɛge:s nɒp]
no dia seguinte	másnap	[ma:ʃnɒp]
há dois dias	két nappal ezelőtt	[ke:t nɒppɒl ɛzɛlø:tt]
na véspera	az előző nap	[ɒz ɛlø:zø: nɒp]
diário (adj)	napi	[nɒpi]
todos os dias	naponta	[nɒpontɒ]

semana (f)	hét	[he:t]
na semana passada	a múlt héten	[ɒ mu:lt he:tɛn]
semana que vem	a következő héten	[ɒ køvɛtkɛzø: he:tɛn]
semanal (adj)	heti	[hɛti]
toda semana	hetente	[hɛtɛntɛ]
duas vezes por semana	kétszer hetente	[ke:tsɛr hɛtɛntɛ]
toda terça-feira	minden kedd	[mindɛn kɛdd]

20. Horas. Dia e noite

manhã (f)	reggel	[rɛggɛl]
de manhã	reggel	[rɛggɛl]
meio-dia (m)	délidő	[de:lidø:]
à tarde	délután	[de:luta:n]

tardinha (f)	este	[ɛʃtɛ]
à tardinha	este	[ɛʃtɛ]

noite (f)	éjszak	[e:jsɒk]
à noite	éjjel	[e:jjɛl]
meia-noite (f)	éjfél	[e:jfe:l]

segundo (m)	másodperc	[ma:ʃodpɛrts]
minuto (m)	perc	[pɛrts]
hora (f)	óra	[o:rɒ]
meia hora (f)	félóra	[fe:lo:rɒ]
quarto (m) de hora	negyedóra	[nɛɟedo:rɒ]
quinze minutos	tizenöt perc	[tizɛnøt pɛrts]
vinte e quatro horas	teljes nap	[tɛjeʃ nɒp]

nascer (m) do sol	napkelte	[nɒpkɛltɛ]
amanhecer (m)	virradat	[virrɒdɒt]
madrugada (f)	kora reggel	[korɒ rɛggɛl]
pôr-do-sol (m)	naplemente	[nɒplɛmɛntɛ]

de madrugada	kora reggel	[korɒ rɛggɛl]
esta manhã	ma reggel	[mɒ rɛggɛl]
amanhã de manhã	holnap reggel	[holnɒp rɛggɛl]

esta tarde	ma nappal	[mɒ nɒppɒl]
à tarde	délután	[de:luta:n]
amanhã à tarde	holnap délután	[holnɒp de:luta:n]

| esta noite, hoje à noite | ma este | [mɒ ɛʃtɛ] |
| amanhã à noite | holnap este | [holnɒp ɛʃtɛ] |

às três horas em ponto	pont három órakor	[pont ha:rom o:rɒkor]
por volta das quatro	körülbelül négy órakor	[kørylbɛlyl ne:ɟ o:rɒkor]
às doze	tizenkét órára	[tizeŋke:t o:ra:rɒ]

em vinte minutos	húsz perc múlva	[hu:s pɛrts mu:lvɒ]
em uma hora	egy óra múlva	[ɛɟ o:rɒ mu:lvɒ]
a tempo	időben	[idø:bɛn]

... um quarto para	háromnegyed	[ha:romnɛɟed]
dentro de uma hora	egy óra folyamán	[ɛɟ: o:rɒ fojɒma:n]
a cada quinze minutos	minden tizenöt perc	[mindɛn tizɛnøt pɛrts]
as vinte e quatro horas	éjjel nappal	[e:jjɛl nɒppɒl]

21. Meses. Estações

janeiro (m)	január	[jɒnua:r]
fevereiro (m)	február	[fɛbrua:r]
março (m)	március	[ma:rtsiuʃ]
abril (m)	április	[a:priliʃ]
maio (m)	május	[ma:juʃ]
junho (m)	június	[ju:niuʃ]

julho (m)	július	[ju:liuʃ]
agosto (m)	augusztus	[ɒugustuʃ]
setembro (m)	szeptember	[sɛptɛmbɛr]
outubro (m)	október	[okto:bɛr]

novembro (m)	november	[novɛmbɛr]
dezembro (m)	december	[dɛtsɛmbɛr]
primavera (f)	tavasz	[tɒvɒs]
na primavera	tavasszal	[tɒvɒssɒl]
primaveril (adj)	tavaszi	[tɒvɒsi]
verão (m)	nyár	[ɲaːr]
no verão	nyáron	[ɲaːron]
de verão	nyári	[ɲaːri]
outono (m)	ősz	[øːs]
no outono	ősszel	[øːssɛl]
outonal (adj)	őszi	[øːsi]
inverno (m)	tél	[teːl]
no inverno	télen	[teːlɛn]
de inverno	téli	[teːli]
mês (m)	hónap	[hoːnɒp]
este mês	ebben a hónapban	[ɛbbɛn ɒ hoːnɒpbɒn]
mês que vem	a következő hónapban	[ɒ køvɛtkɛzøː hoːnɒpbɒn]
no mês passado	a múlt hónapban	[ɒ muːlt hoːnɒpbɒn]
um mês atrás	egy hónappal ezelőtt	[ɛɟ hoːnɒppɒl ɛzɛløːtt]
em um mês	egy hónap múlva	[ɛɟ hoːnɒp muːlvɒ]
em dois meses	két hónap múlva	[keːt hoːnɒp muːlvɒ]
todo o mês	az egész hónap	[ɒz ɛgeːs hoːnɒp]
um mês inteiro	az egész hónap	[ɒz ɛgeːs hoːnɒp]
mensal (adj)	havi	[hɒvi]
mensalmente	havonta	[hɒvontɒ]
todo mês	minden hónap	[mindɛn hoːnɒp]
duas vezes por mês	kétszer havonta	[keːtsɛr hɒvontɒ]
ano (m)	év	[eːv]
este ano	ebben az évben	[ɛbbɛn ɒz eːvbɛn]
ano que vem	a következő évben	[ɒ køvɛtkɛzøː eːvbɛn]
no ano passado	a múlt évben	[ɒ muːlt eːvbɛn]
há um ano	egy évvel ezelőtt	[ɛɟ eːvvɛl ɛzɛløːtt]
em um ano	egy év múlva	[ɛɟ eːv muːlvɒ]
dentro de dois anos	két év múlva	[keːt eːv muːlvɒ]
todo o ano	az egész év	[ɒz ɛgeːs eːv]
um ano inteiro	az egész év	[ɒz ɛgeːs eːv]
cada ano	minden év	[mindɛn eːv]
anual (adj)	évi	[eːvi]
anualmente	évente	[eːvɛntɛ]
quatro vezes por ano	négyszer évente	[neːɟsɛr eːvɛntɛ]
data (~ de hoje)	nap	[nɒp]
data (ex. ~ de nascimento)	dátum	[daːtum]
calendário (m)	naptár	[nɒptaːr]
meio ano	fél év	[feːl eːv]
seis meses	félév	[feːleːv]

estação (f)	évszak	[eːvsɒk]
século (m)	század	[saːzɒd]

22. Unidades de medida

peso (m)	súly	[ʃuːj]
comprimento (m)	hosszúság	[hossuːʃaːg]
largura (f)	szélesség	[seːlɛʃeːg]
altura (f)	magasság	[mɒgɒʃaːg]
profundidade (f)	mélység	[meːjʃeːg]
volume (m)	térfogat	[teːrfogɒt]
área (f)	terület	[tɛrylɛt]

grama (m)	gramm	[grɒmm]
miligrama (m)	milligramm	[milligrɒmm]
quilograma (m)	kilógramm	[kiloːgrɒmm]
tonelada (f)	tonna	[tonnɒ]
libra (453,6 gramas)	font	[font]
onça (f)	uncia	[untsiɒ]

metro (m)	méter	[meːtɛr]
milímetro (m)	milliméter	[millimeːtɛr]
centímetro (m)	centiméter	[tsɛntimeːtɛr]
quilômetro (m)	kilométer	[kilomeːtɛr]
milha (f)	mérföld	[meːrføld]

polegada (f)	hüvelyk	[hyvɛjk]
pé (304,74 mm)	láb	[laːb]
jarda (914,383 mm)	yard	[jard]

metro (m) quadrado	négyzetméter	[neːɟzɛtmeːtɛr]
hectare (m)	hektár	[hɛktaːr]

litro (m)	liter	[litɛr]
grau (m)	fok	[fok]
volt (m)	volt	[volt]
ampère (m)	amper	[ɒmpɛr]
cavalo (m) de potência	lóerő	[loːɛrøː]

quantidade (f)	mennyiség	[mɛnɲiʃeːg]
um pouco de ...	egy kicsit ...	[ɛɟ: kitʃit]
metade (f)	fél	[feːl]

dúzia (f)	tucat	[tutsɒt]
peça (f)	darab	[dɒrɒb]

tamanho (m), dimensão (f)	méret	[meːrɛt]
escala (f)	lépték	[leːpteːk]

mínimo (adj)	minimális	[minimaːliʃ]
menor, mais pequeno	legkisebb	[lɛgkiʃɛbb]
médio (adj)	közép	[køzeːp]
máximo (adj)	maximális	[mɒksimaːliʃ]
maior, mais grande	legnagyobb	[lɛgnɒɟøbb]

23. Recipientes

pote (m) de vidro	befőttes üveg	[bɛfø:tɛs yvɛg]
lata (~ de cerveja)	bádogdoboz	[ba:dogdoboz]
balde (m)	vödör	[vødør]
barril (m)	hordó	[hordo:]
bacia (~ de plástico)	tál	[ta:l]
tanque (m)	tartály	[tɒrta:j]
cantil (m) de bolso	kulacs	[kulɒt͡ʃ]
galão (m) de gasolina	kanna	[kɒnnɒ]
cisterna (f)	ciszterna	[tsistɛrnɒ]
caneca (f)	bögre	[bøgrɛ]
xícara (f)	csésze	[t͡ʃe:sɛ]
pires (m)	csészealj	[t͡ʃe:sɛɒj]
copo (m)	pohár	[poha:r]
taça (f) de vinho	borospohár	[boroʃpoha:r]
panela (f)	lábas	[la:bɒʃ]
garrafa (f)	üveg	[yvɛg]
gargalo (m)	nyak	[ɲɒk]
jarra (f)	butélia	[bute:liɒ]
jarro (m)	korsó	[korʃo:]
recipiente (m)	edény	[ɛde:ɲ]
pote (m)	köcsög	[køt͡ʃøg]
vaso (m)	váza	[va:zɒ]
frasco (~ de perfume)	kölnisüveg	[kølniʃyvɛg]
frasquinho (m)	üvegcse	[yvɛgt͡ʃɛ]
tubo (m)	tubus	[tubuʃ]
saco (ex. ~ de açúcar)	zsák	[ʒa:k]
sacola (~ plastica)	zacskó	[zɒt͡ʃko:]
maço (de cigarros, etc.)	csomag	[t͡ʃomɒg]
caixa (~ de sapatos, etc.)	doboz	[doboz]
caixote (~ de madeira)	láda	[la:dɒ]
cesto (m)	kosár	[koʃa:r]

O SER HUMANO

O ser humano. O corpo

24. Cabeça

cabeça (f)	fej	[fɛj]
rosto, cara (f)	arc	[ɒrts]
nariz (m)	orr	[orr]
boca (f)	száj	[saːj]
olho (m)	szem	[sɛm]
olhos (m pl)	szem	[sɛm]
pupila (f)	pupilla	[pupillɒ]
sobrancelha (f)	szemöldök	[sɛmøldøk]
cílio (f)	szempilla	[sɛmpillɒ]
pálpebra (f)	szemhéj	[sɛmheːj]
língua (f)	nyelv	[ɲɛlv]
dente (m)	fog	[fog]
lábios (m pl)	ajak	[ɒjɒk]
maçãs (f pl) do rosto	pofacsont	[pofɒtʃont]
gengiva (f)	íny	[iːɲ]
palato (m)	szájpadlás	[saːjpɒdlaːʃ]
narinas (f pl)	orrlyuk	[orrjuk]
queixo (m)	áll	[aːll]
mandíbula (f)	állkapocs	[aːllkɒpotʃ]
bochecha (f)	orca	[ortsɒ]
testa (f)	homlok	[homlok]
têmpora (f)	halánték	[hɒlaːnteːk]
orelha (f)	fül	[fyl]
costas (f pl) da cabeça	tarkó	[tɒrkoː]
pescoço (m)	nyak	[ɲɒk]
garganta (f)	torok	[torok]
cabelo (m)	haj	[hɒj]
penteado (m)	frizura	[frizurɒ]
corte (m) de cabelo	hajvágás	[hɒjvaːgaːʃ]
peruca (f)	paróka	[pɒroːkɒ]
bigode (m)	bajusz	[bɒjus]
barba (f)	szakáll	[sɒkaːll]
ter (~ barba, etc.)	visel	[viʃɛl]
trança (f)	copf	[tsopf]
suíças (f pl)	pofaszakáll	[pofɒsɒkaːll]
ruivo (adj)	vörös hajú	[vørøʃ hɒjuː]
grisalho (adj)	ősz hajú	[øːs hɒjuː]

careca (adj)	kopasz	[kopɒs]
calva (f)	kopaszság	[kopɒʃaːg]

rabo-de-cavalo (m)	lófarok	[loːfɒrok]
franja (f)	sörény	[ʃøreːɲ]

25. Corpo humano

mão (f)	kéz, kézfej	[keːz], [keːsfɛj]
braço (m)	kar	[kɒr]

dedo (m)	ujj	[ujj]
polegar (m)	hüvelykujj	[hyvɛjkujj]
dedo (m) mindinho	kisujj	[kiʃujj]
unha (f)	köröm	[kørøm]

punho (m)	ököl	[økøl]
palma (f)	tenyér	[tɛneːr]
pulso (m)	csukló	[ʧukloː]
antebraço (m)	alkar	[ɒlkɒr]
cotovelo (m)	könyök	[køɲøk]
ombro (m)	váll	[vaːll]

perna (f)	láb	[laːb]
pé (m)	talp	[tɒlp]
joelho (m)	térd	[teːrd]
panturrilha (f)	lábikra	[laːbikrɒ]
quadril (m)	csípő	[ʧiːpøː]
calcanhar (m)	sarok	[ʃɒrok]

corpo (m)	test	[tɛʃt]
barriga (f), ventre (m)	has	[hɒʃ]
peito (m)	mell	[mɛll]
seio (m)	mell	[mɛll]
lado (m)	oldal	[oldɒl]
costas (dorso)	hát	[haːt]
região (f) lombar	derék	[dɛreːk]
cintura (f)	derék	[dɛreːk]

umbigo (m)	köldök	[køldøk]
nádegas (f pl)	far	[fɒr]
traseiro (m)	fenék	[fɛneːk]

sinal (m), pinta (f)	anyajegy	[ɒɲɒjɛɟ]
tatuagem (f)	tetoválás	[tɛtovaːlaːʃ]
cicatriz (f)	forradás	[forrɒdaːʃ]

Vestuário & Acessórios

26. Roupa exterior. Casacos

roupa (f)	ruha	[ruhɒ]
roupa (f) exterior	felsőruha	[fɛlʃøːruhɒ]
roupa (f) de inverno	téli ruha	[teːli ruhɒ]
sobretudo (m)	kabát	[kɒbaːt]
casaco (m) de pele	bunda	[bundɒ]
jaqueta (f) de pele	bekecs	[bɛkɛtʃ]
casaco (m) acolchoado	pehelykabát	[pɛhɛj kɒbaːt]
casaco (m), jaqueta (f)	zeke	[zɛkɛ]
impermeável (m)	ballonkabát	[bɒlloŋkɒbaːt]
a prova d'água	vízhatlan	[viːzhɒtlɒn]

27. Vestuário de homem & mulher

camisa (f)	ing	[iŋg]
calça (f)	nadrág	[nɒdraːg]
jeans (m)	farmernadrág	[formɛrnɒdraːg]
paletó, terno (m)	zakó	[zɒkoː]
terno (m)	kosztüm	[kostym]
vestido (ex. ~ de noiva)	ruha	[ruhɒ]
saia (f)	szoknya	[sokɲɒ]
blusa (f)	blúz	[bluːz]
casaco (m) de malha	kardigán	[kɒrdigaːn]
casaco, blazer (m)	blézer	[bleːzɛr]
camiseta (f)	trikó	[trikoː]
short (m)	rövidnadrág	[røvidnɒdraːg]
training (m)	sportruha	[ʃportruhɒ]
roupão (m) de banho	köntös	[køntøʃ]
pijama (m)	pizsama	[piʒɒmɒ]
suéter (m)	pulóver	[puloːvɛr]
pulôver (m)	pulóver	[puloːvɛr]
colete (m)	mellény	[mɛlleːɲ]
fraque (m)	frakk	[frɒkk]
smoking (m)	szmoking	[smokiŋg]
uniforme (m)	egyenruha	[ɛɟɛnruhɒ]
roupa (f) de trabalho	munkaruha	[muŋkɒruhɒ]
macacão (m)	kezeslábas	[kɛzɛʃlaːbɒʃ]
jaleco (m), bata (f)	köpeny	[køpɛɲ]

28. Vestuário. Roupa interior

roupa (f) íntima	fehérnemű	[fɛhe:rnɛmy:]
camiseta (f)	alsóing	[ɒlʃo:iŋg]
meias (f pl)	zokni	[zokni]
camisola (f)	hálóing	[ha:lo:iŋg]
sutiã (m)	melltartó	[mɛlltɒrto:]
meias longas (f pl)	térdzokni	[te:rdzokni]
meias-calças (f pl)	harisnya	[hɒriʃnɒ]
meias (~ de nylon)	harisnya	[hɒriʃnɒ]
maiô (m)	fürdőruha	[fyrdø:ruhɒ]

29. Adereços de cabeça

chapéu (m), touca (f)	sapka	[ʃɒpkɒ]
chapéu (m) de feltro	kalap	[kɒlɒp]
boné (m) de beisebol	baseball sapka	[bɛjsbɒll ʃɒpkɒ]
boina (~ italiana)	sport sapka	[ʃport ʃɒpkɒ]
boina (ex. ~ basca)	svájci sapka	[ʃva:jtsi ʃɒpkɒ]
capuz (m)	csuklya	[tʃukjɒ]
chapéu panamá (m)	panamakalap	[pɒnɒmɒ kɒlɒp]
touca (f)	kötött sapka	[køtøtt ʃɒpkɒ]
lenço (m)	kendő	[kɛndø:]
chapéu (m) feminino	női kalap	[nø:i kɒlɒp]
capacete (m) de proteção	sisak	[ʃiʃɒk]
bibico (m)	pilótasapka	[pilo:tɒ ʃɒpkɒ]
capacete (m)	sisak	[ʃiʃɒk]
chapéu-coco (m)	keménykalap	[kɛme:ɲkɒlɒp]

30. Calçado

calçado (m)	cipő	[tsipø:]
botinas (f pl), sapatos (m pl)	bakancs	[bɒkɒntʃ]
sapatos (de salto alto, etc.)	félcipő	[fe:ltsipø:]
botas (f pl)	csizma	[tʃizmɒ]
pantufas (f pl)	papucs	[pɒputʃ]
tênis (~ Nike, etc.)	edzőcipő	[ɛdzø:tsipø:]
tênis (~ Converse)	tornacipő	[tornɒtsipø:]
sandálias (f pl)	szandál	[sɒnda:l]
sapateiro (m)	cipész	[tsipe:s]
salto (m)	sarok	[ʃɒrok]
par (m)	pár	[pa:r]
cadarço (m)	cipőfűző	[tsipø:fy:zø:]
amarrar os cadarços	befűz	[bɛfy:z]

calçadeira (f)	cipőkanál	[tsipø:kɒna:l]
graxa (f) para calçado	cipőkrém	[tsipø:kre:m]

31. Acessórios pessoais

luva (f)	kesztyű	[kɛscy:]
mitenes (f pl)	egyujjas kesztyű	[ɛɟujjɒʃ kɛscy:]
cachecol (m)	sál	[ʃa:l]

óculos (m pl)	szemüveg	[sɛmyvɛg]
armação (f)	keret	[kɛrɛt]
guarda-chuva (m)	esernyő	[ɛʃɛrɲø:]
bengala (f)	sétabot	[ʃe:tɒbot]
escova (f) para o cabelo	hajkefe	[hɒjkɛfɛ]
leque (m)	legyező	[lɛɟɛzø:]

gravata (f)	nyakkendő	[ɲɒkkɛndø:]
gravata-borboleta (f)	csokornyakkendő	[ʧokorɲɒkkɛndø:]
suspensórios (m pl)	nadrágtartó	[nɒdra:gtɒrto:]
lenço (m)	zsebkendő	[ʒɛbkɛndø:]

pente (m)	fésű	[fe:ʃy:]
fivela (f) para cabelo	hajcsat	[hɒjʧɒt]
grampo (m)	hajtű	[hɒjty:]
fivela (f)	csat	[ʧɒt]

cinto (m)	öv	[øv]
alça (f) de ombro	táskaszíj	[ta:ʃkɒsi:j]

bolsa (f)	táska	[ta:ʃkɒ]
bolsa (feminina)	kézitáska	[ke:zita:ʃkɒ]
mochila (f)	hátizsák	[ha:tiʒa:k]

32. Vestuário. Diversos

moda (f)	divat	[divɒt]
na moda (adj)	divatos	[divɒtoʃ]
estilista (m)	divattervező	[divɒt tɛrvɛzø:]

colarinho (m)	gallér	[gɒlle:r]
bolso (m)	zseb	[ʒɛb]
de bolso	zseb	[ʒɛb]
manga (f)	ruhaujj	[ruhɒujj]
ganchinho (m)	akasztó	[ɒkɒsto:]
bragueta (f)	slicc	[ʃlits]

zíper (m)	cipzár	[tsipza:r]
colchete (m)	kapocs	[kɒpoʧ]
botão (m)	gomb	[gomb]
botoeira (casa de botão)	gomblyuk	[gombjuk]
soltar-se (vr)	elszakad	[ɛlsɒkɒd]
costurar (vi)	varr	[vɒrr]

bordar (vt)	hímez	[hi:mɛz]
bordado (m)	hímzés	[hi:mze:ʃ]
agulha (f)	tű	[ty:]
fio, linha (f)	cérna	[tse:rnɒ]
costura (f)	varrás	[vɒrra:ʃ]

sujar-se (vr)	bepiszkolódik	[bɛpiskolo:dik]
mancha (f)	folt	[folt]
amarrotar-se (vr)	gyűrődik	[ɟy:rø:dik]
rasgar (vt)	megszakad	[mɛgsɒkɒd]
traça (f)	molylepke	[mojlɛpkɛ]

33. Cuidados pessoais. Cosméticos

pasta (f) de dente	fogkrém	[fogkre:m]
escova (f) de dente	fogkefe	[fokkɛfɛ]
escovar os dentes	fogat mos	[fogɒt moʃ]

gilete (f)	borotva	[borotvɒ]
creme (m) de barbear	borotvakrém	[borotvɒkre:m]
barbear-se (vr)	borotválkozik	[borotva:lkozik]

| sabonete (m) | szappan | [sɒppɒn] |
| xampu (m) | sampon | [ʃɒmpon] |

tesoura (f)	olló	[ollo:]
lixa (f) de unhas	körömreszelő	[kørømrɛsɛlø:]
corta-unhas (m)	körömvágó	[kørømva:go:]
pinça (f)	csipesz	[ʧipɛs]

cosméticos (m pl)	kozmetika	[kozmɛtikɒ]
máscara (f)	maszk	[mɒsk]
manicure (f)	manikűr	[mɒniky:r]
fazer as unhas	manikűrözik	[mɒniky:røzik]
pedicure (f)	pedikűr	[pɛdiky:r]

bolsa (f) de maquiagem	piperetáska	[pipɛrɛta:ʃkɒ]
pó (de arroz)	púder	[pu:dɛr]
pó (m) compacto	púderdoboz	[pu:dɛrdoboz]
blush (m)	arcpirosító	[ɒrtspiroʃi:to:]

perfume (m)	illatszer	[illɒtsɛr]
água-de-colônia (f)	parfüm	[pɒrfym]
loção (f)	arcápoló	[ɒrtsa:polo:]
colônia (f)	kölnivíz	[kølnivi:z]

sombra (f) de olhos	szemhéjfesték	[sɛmhe:jfɛʃte:k]
delineador (m)	szemceruza	[sɛmtsɛruzɒ]
máscara (f), rímel (m)	szempillafesték	[sɛmpillɒfɛʃte:k]

batom (m)	rúzs	[ru:ʒ]
esmalte (m)	körömlakk	[kørømlɒkk]
laquê (m), spray fixador (m)	hajrögzítő	[hɒjrøgzi:tø:]
desodorante (m)	dezodor	[dɛzodor]

creme (m)	krém	[kre:m]
creme (m) de rosto	arckrém	[ɒrtskre:m]
creme (m) de mãos	kézkrém	[ke:skre:m]
creme (m) antirrugas	ránc elleni krém	[ra:nts ɛllɛni kre:m]
de dia	nappali	[nɒppɒli]
da noite	éjjeli	[e:jjɛli]

absorvente (m) interno	tampon	[tɒmpon]
papel (m) higiênico	vécépapír	[ve:tse:pɒpi:r]
secador (m) de cabelo	hajszárító	[hɒjsa:ri:to:]

34. Relógios de pulso. Relógios

relógio (m) de pulso	karóra	[kɒro:rɒ]
mostrador (m)	számlap	[sa:mlɒp]
ponteiro (m)	mutató	[mutɒto:]
bracelete (em aço)	karkötő	[kɒrkøtø:]
bracelete (em couro)	óraszíj	[o:rɒsi:j]

pilha (f)	elem	[ɛlɛm]
acabar (vi)	lemerül	[lɛmɛryl]
trocar a pilha	kicseréli az elemet	[kitʃɛre:li ɒz ɛlɛmɛt]
estar adiantado	siet	[ʃiɛt]
estar atrasado	késik	[ke:ʃik]

relógio (m) de parede	fali óra	[fɒli o:rɒ]
ampulheta (f)	homokóra	[homoko:rɒ]
relógio (m) de sol	napóra	[nɒpo:rɒ]
despertador (m)	ébresztőóra	[e:brɛstø:o:rɒ]
relojoeiro (m)	órás	[o:ra:ʃ]
reparar (vt)	javít	[jɒvi:t]

Alimentação. Nutrição

35. Comida

carne (f)	hús	[huːʃ]
galinha (f)	csirke	[ʧirkɛ]
frango (m)	csirke	[ʧirkɛ]
pato (m)	kacsa	[kɒʧɒ]
ganso (m)	liba	[libɒ]
caça (f)	vadhús	[vɒdhuːʃ]
peru (m)	pulyka	[pujkɒ]
carne (f) de porco	sertés	[ʃɛrteːʃ]
carne (f) de vitela	borjúhús	[borjuːhuːʃ]
carne (f) de carneiro	birkahús	[birkɒhuːʃ]
carne (f) de vaca	marhahús	[mɒrhɒhuːʃ]
carne (f) de coelho	nyúl	[ɲuːl]
linguiça (f), salsichão (m)	kolbász	[kolbaːs]
salsicha (f)	virsli	[virʃli]
bacon (m)	húsos szalonna	[huːʃoʃ sɒlonnɒ]
presunto (m)	sonka	[ʃoŋkɒ]
pernil (m) de porco	sonka	[ʃoŋkɒ]
patê (m)	pástétom	[paːʃteːtom]
fígado (m)	máj	[maːj]
guisado (m)	darált hús	[dɒraːlt huːʃ]
língua (f)	nyelv	[ɲɛlv]
ovo (m)	tojás	[tojaːʃ]
ovos (m pl)	tojások	[tojaːʃok]
clara (f) de ovo	tojásfehérje	[tojaːʃfɛheːrjɛ]
gema (f) de ovo	tojássárgája	[tojaːʃaːrgaːjɒ]
peixe (m)	hal	[hɒl]
mariscos (m pl)	tenger gyümölcsei	[tɛŋgɛr ɟymølʧɛi]
caviar (m)	halikra	[hɒlikrɒ]
caranguejo (m)	tarisznyarák	[tɒrisɲɒraːk]
camarão (m)	garnélarák	[gɒrneːlɒraːk]
ostra (f)	osztriga	[ostrigɒ]
lagosta (f)	languszta	[lɒŋgustɒ]
polvo (m)	nyolckarú polip	[ɲoltskɒruː polip]
lula (f)	kalmár	[kɒlmaːr]
esturjão (m)	tokhal	[tokhɒl]
salmão (m)	lazac	[lɒzɒts]
halibute (m)	óriás laposhal	[oːriaːʃ lɒpoʃhɒl]
bacalhau (m)	tőkehal	[tøːkɛhɒl]
cavala, sarda (f)	makréla	[mɒkreːlɒ]

atum (m)	tonhal	[tonhɒl]
enguia (f)	angolna	[ɒŋgolnɒ]
truta (f)	pisztráng	[pistraːŋg]
sardinha (f)	szardínia	[sɒrdiːniɒ]
lúcio (m)	csuka	[tʃukɒ]
arenque (m)	hering	[hɛriŋg]
pão (m)	kenyér	[kɛneːr]
queijo (m)	sajt	[ʃɒjt]
açúcar (m)	cukor	[tsukor]
sal (m)	só	[ʃoː]
arroz (m)	rizs	[riʒ]
massas (f pl)	makaróni	[mɒkɒroːni]
talharim, miojo (m)	metélttészta	[mɛteːltteːstɒ]
manteiga (f)	vaj	[vɒj]
óleo (m) vegetal	olaj	[olɒj]
óleo (m) de girassol	napraforgóolaj	[nɒprɒforgoːolɒj]
margarina (f)	margarin	[mɒrgɒrin]
azeitonas (f pl)	olajbogyó	[olɒjboɟøː]
azeite (m)	olívaolaj	[oliːvɒ olɒj]
leite (m)	tej	[tɛj]
leite (m) condensado	sűrített tej	[ʃyːriːtɛtt tɛj]
iogurte (m)	joghurt	[jogurt]
creme (m) azedo	tejföl	[tɛjføl]
creme (m) de leite	tejszín	[tɛjsiːn]
maionese (f)	majonéz	[mɒjoneːz]
creme (m)	krém	[kreːm]
grãos (m pl) de cereais	dara	[dɒrɒ]
farinha (f)	liszt	[list]
enlatados (m pl)	konzerv	[konzɛrv]
flocos (m pl) de milho	kukoricapehely	[kukoritsɒpɛhɛj]
mel (m)	méz	[meːz]
geleia (m)	dzsem	[dʒɛm]
chiclete (m)	rágógumi	[raːgoːgumi]

36. Bebidas

água (f)	víz	[viːz]
água (f) potável	ivóvíz	[ivoːviːz]
água (f) mineral	ásványvíz	[aːʃvaːɲviːz]
sem gás (adj)	szóda nélkül	[soːdɒ neːlkyl]
gaseificada (adj)	szóda	[soːdɒ]
com gás	szóda	[soːdɒ]
gelo (m)	jég	[jeːg]
com gelo	jeges	[jɛgɛʃ]

não alcoólico (adj)	alkoholmentes	[ɒlkoholmɛntɛʃ]
refrigerante (m)	alkoholmentes ital	[ɒlkoholmɛntɛʃ itɒl]
refresco (m)	üdítő	[y:di:tø:]
limonada (f)	limonádé	[limona:de:]
bebidas (f pl) alcoólicas	szeszesitalok	[sɛsɛʃ itɒlok]
vinho (m)	bor	[bor]
vinho (m) branco	fehérbor	[fɛhe:rbor]
vinho (m) tinto	vörösbor	[vørøʃbor]
licor (m)	likőr	[likø:r]
champanhe (m)	pezsgő	[pɛʒgø:]
vermute (m)	vermut	[vɛrmut]
uísque (m)	whisky	[viski]
vodca (f)	vodka	[vodkɒ]
gim (m)	gin	[dʒin]
conhaque (m)	konyak	[koɲɒk]
rum (m)	rum	[rum]
café (m)	kávé	[ka:ve:]
café (m) preto	feketekávé	[fɛkɛtɛ ka:ve:]
café (m) com leite	tejeskávé	[tɛjɛʃka:ve:]
cappuccino (m)	tejszínes kávé	[tɛjsi:nɛʃ ka:ve:]
café (m) solúvel	neszkávé	[nɛska:ve:]
leite (m)	tej	[tɛj]
coquetel (m)	koktél	[kokte:l]
batida (f), milkshake (m)	tejkoktél	[tɛjkokte:l]
suco (m)	lé	[le:]
suco (m) de tomate	paradicsomlé	[pɒrɒditʃomle:]
suco (m) de laranja	narancslé	[nɒrɒntʃle:]
suco (m) fresco	frissen kifacsart lé	[friʃɛn kifɒtʃɒrt le:]
cerveja (f)	sör	[ʃør]
cerveja (f) clara	világos sör	[vila:goʃ ʃør]
cerveja (f) preta	barna sör	[bɒrnɒ ʃør]
chá (m)	tea	[tɛɒ]
chá (m) preto	feketetea	[fɛkɛtɛ tɛɒ]
chá (m) verde	zöldtea	[zølt tɛɒ]

37. Vegetais

vegetais (m pl)	zöldségek	[zøldʃe:gɛk]
verdura (f)	zöldség	[zøldʃe:g]
tomate (m)	paradicsom	[pɒrɒditʃom]
pepino (m)	uborka	[uborkɒ]
cenoura (f)	sárgarépa	[ʃa:rgɒre:pɒ]
batata (f)	krumpli	[krumpli]
cebola (f)	hagyma	[hɒɟmɒ]
alho (m)	fokhagyma	[fokhɒɟmɒ]

couve (f)	káposzta	[ka:postɒ]
couve-flor (f)	karfiol	[kɒrfiol]
couve-de-bruxelas (f)	kelbimbó	[kɛlbimbo:]
brócolis (m pl)	brokkoli	[brokkoli]

beterraba (f)	cékla	[tse:klɒ]
berinjela (f)	padlizsán	[pɒdliʒa:n]
abobrinha (f)	cukkini	[tsukkini]
abóbora (f)	tök	[tøk]
nabo (m)	répa	[re:pɒ]

salsa (f)	petrezselyem	[pɛtrɛʒɛjɛm]
endro, aneto (m)	kapor	[kɒpor]
alface (f)	saláta	[ʃɒla:tɒ]
aipo (m)	zeller	[zɛllɛr]
aspargo (m)	spárga	[ʃpa:rgɒ]
espinafre (m)	spenót	[ʃpɛno:t]

ervilha (f)	borsó	[borʃo:]
feijão (~ soja, etc.)	bab	[bɒb]
milho (m)	kukorica	[kukoritsɒ]
feijão (m) roxo	bab	[bɒb]

pimentão (m)	paprika	[pɒprikɒ]
rabanete (m)	hónapos retek	[ho:nɒpoʃ rɛtɛk]
alcachofra (f)	articsóka	[ɒrtitʃo:kɒ]

38. Frutos. Nozes

fruta (f)	gyümölcs	[jymølʧ]
maçã (f)	alma	[ɒlmɒ]
pera (f)	körte	[kørtɛ]
limão (m)	citrom	[tsitrom]
laranja (f)	narancs	[nɒrɒnʧ]
morango (m)	eper	[ɛpɛr]

tangerina (f)	mandarin	[mɒndɒrin]
ameixa (f)	szilva	[silvɒ]
pêssego (m)	őszibarack	[ø:sibɒrɒtsk]
damasco (m)	sárgabarack	[ʃa:rgɒbɒrɒtsk]
framboesa (f)	málna	[ma:lnɒ]
abacaxi (m)	ananász	[ɒnɒna:s]

banana (f)	banán	[bɒna:n]
melancia (f)	görögdinnye	[gørøgdinɲɛ]
uva (f)	szőlő	[sø:lø:]
ginja (f)	meggy	[mɛdɟ]
cereja (f)	cseresznye	[ʧɛrɛsnɛ]
melão (m)	dinnye	[dinɲɛ]

toranja (f)	citrancs	[tsitrɒnʧ]
abacate (m)	avokádó	[ɒvoka:do:]
mamão (m)	papaya	[pɒpɒjɒ]
manga (f)	mangó	[mɒŋgo:]

romã (f)	gránátalma	[gra:na:tɒlmɒ]
groselha (f) vermelha	pirosribizli	[piroʃribizli]
groselha (f) negra	feketeribizli	[fɛkɛtɛ ribizli]
groselha (f) espinhosa	egres	[ɛgrɛʃ]
mirtilo (m)	fekete áfonya	[fɛkɛtɛ a:foɲɒ]
amora (f) silvestre	szeder	[sɛdɛr]

passa (f)	mazsola	[mɒʒolɒ]
figo (m)	füge	[fygɛ]
tâmara (f)	datolya	[dɒtojɒ]

amendoim (m)	földimogyoró	[føldimoɟøro:]
amêndoa (f)	mandula	[mɒndulɒ]
noz (f)	dió	[dio:]
avelã (f)	mogyoró	[moɟøro:]
coco (m)	kókuszdió	[ko:kusdio:]
pistaches (m pl)	pisztácia	[pista:tsiɒ]

39. Pão. Bolaria

pastelaria (f)	édesipari áruk	[e:dɛʃipɒri a:ruk]
pão (m)	kenyér	[kɛnɛ:r]
biscoito (m), bolacha (f)	sütemény	[ʃytɛme:ɲ]

chocolate (m)	csokoládé	[tʃokola:de:]
de chocolate	csokoládé	[tʃokola:de:]
bala (f)	cukorka	[tsukorkɒ]
doce (bolo pequeno)	torta	[tortɒ]
bolo (m) de aniversário	torta	[tortɒ]

| torta (f) | töltött lepény | [tøltøtt lɛpe:ɲ] |
| recheio (m) | töltelék | [tøltɛle:k] |

geleia (m)	lekvár	[lɛkva:r]
marmelada (f)	gyümölcsszelé	[ɟymøltʃ ʒɛle:]
wafers (m pl)	ostya	[oʃcɒ]
sorvete (m)	fagylalt	[fɒɟlɒlt]

40. Pratos cozinhados

prato (m)	étel	[e:tɛl]
cozinha (~ portuguesa)	konyha	[koɲhɒ]
receita (f)	recept	[rɛtsɛpt]
porção (f)	adag	[ɒdɒg]

| salada (f) | saláta | [ʃɒla:tɒ] |
| sopa (f) | leves | [lɛvɛʃ] |

caldo (m)	erőleves	[ɛrø:lɛvɛʃ]
sanduíche (m)	szendvics	[sɛndvitʃ]
ovos (m pl) fritos	tojásrántotta	[toja:ʃra:ntottɒ]
hambúrguer (m)	hamburger	[hɒmburgɛr]

bife (m)	bifsztek	[bifstɛk]
acompanhamento (m)	köret	[kørɛt]
espaguete (m)	spagetti	[ʃpɒgɛtti]
purê (m) de batata	burgonyapüré	[burgoɲɒpyre:]
pizza (f)	pizza	[pitsɒ]
mingau (m)	kása	[ka:ʃɒ]
omelete (f)	tojáslepény	[toja:ʃlɛpe:ɲ]

fervido (adj)	főtt	[fø:tt]
defumado (adj)	füstölt	[fyʃtølt]
frito (adj)	sült	[ʃylt]
seco (adj)	aszalt	[ɒsɒlt]
congelado (adj)	fagyasztott	[fɒjostott]
em conserva (adj)	ecetben eltett	[ɛtsɛtbɛn ɛltɛtt]

doce (adj)	édes	[e:dɛʃ]
salgado (adj)	sós	[ʃo:ʃ]
frio (adj)	hideg	[hidɛg]
quente (adj)	meleg	[mɛlɛg]
amargo (adj)	keserű	[kɛʃɛry:]
gostoso (adj)	finom	[finom]

cozinhar em água fervente	főz	[fø:z]
preparar (vt)	készít	[ke:si:t]
fritar (vt)	süt	[ʃyt]
aquecer (vt)	melegít	[mɛlɛgi:t]

salgar (vt)	sóz	[ʃo:z]
apimentar (vt)	borsoz	[borʃoz]
ralar (vt)	reszel	[rɛsɛl]
casca (f)	héj	[he:j]
descascar (vt)	hámoz	[ha:moz]

41. Especiarias

sal (m)	só	[ʃo:]
salgado (adj)	sós	[ʃo:ʃ]
salgar (vt)	sóz	[ʃo:z]

pimenta-do-reino (f)	feketebors	[fɛkɛtɛ borʃ]
pimenta (f) vermelha	pirospaprika	[piroʃpɒprikɒ]
mostarda (f)	mustár	[muʃta:r]
raiz-forte (f)	torma	[tormɒ]

condimento (m)	fűszer	[fy:sɛr]
especiaria (f)	fűszer	[fy:sɛr]
molho (~ inglês)	szósz	[so:s]
vinagre (m)	ecet	[ɛtsɛt]

anis estrelado (m)	ánizs	[a:nis]
manjericão (m)	bazsalikom	[bɒʒɒlikom]
cravo (m)	szegfű	[sɛgfy:]
gengibre (m)	gyömbér	[ɟømbe:r]
coentro (m)	koriander	[koriɒndɛr]

canela (f)	fahéj	[fɒheːj]
gergelim (m)	szezámmag	[sɛzaːmmɒg]
folha (f) de louro	babérlevél	[bɒbeːrlɛveːl]
páprica (f)	paprika	[pɒprikɒ]
cominho (m)	kömény	[kømeːɲ]
açafrão (m)	sáfrány	[ʃaːfraːɲ]

42. Refeições

comida (f)	étel	[eːtɛl]
comer (vt)	eszik	[ɛsik]

café (m) da manhã	reggeli	[rɛggɛli]
tomar café da manhã	reggelizik	[rɛggɛlizik]
almoço (m)	ebéd	[ɛbeːd]
almoçar (vi)	ebédel	[ɛbeːdɛl]
jantar (m)	vacsora	[vɒtʃorɒ]
jantar (vi)	vacsorázik	[vɒtʃoraːzik]

apetite (m)	étvágy	[eːtvaːɟ]
Bom apetite!	Jó étvágyat!	[jo: eːtvaːɟot]

abrir (~ uma lata, etc.)	nyit	[ɲit]
derramar (~ líquido)	kiönt	[kiønt]
derramar-se (vr)	kiömlik	[kiømlik]
ferver (vi)	forr	[forr]
ferver (vt)	forral	[forrɒl]
fervido (adj)	forralt	[forrɒlt]
esfriar (vt)	lehűt	[lɛhyːt]
esfriar-se (vr)	lehűl	[lɛhyːl]

sabor, gosto (m)	íz	[iːz]
fim (m) de boca	utóíz	[utoːiːz]

emagrecer (vi)	lefogy	[lɛfoɟ]
dieta (f)	diéta	[dieːtɒ]
vitamina (f)	vitamin	[vitɒmin]
caloria (f)	kalória	[kɒloːriɒ]
vegetariano (m)	vegetáriánus	[vɛgɛtaːriaːnuʃ]
vegetariano (adj)	vegetáriánus	[vɛgɛtaːriaːnuʃ]

gorduras (f pl)	zsír	[ʒiːr]
proteínas (f pl)	fehérje	[fɛheːrjɛ]
carboidratos (m pl)	szénhidrát	[seːnhidraːt]
fatia (~ de limão, etc.)	szelet	[sɛlɛt]
pedaço (~ de bolo)	szelet	[sɛlɛt]
migalha (f), farelo (m)	morzsa	[morʒɒ]

43. Por a mesa

colher (f)	kanál	[kɒnaːl]
faca (f)	kés	[keːʃ]

garfo (m)	villa	[villɒ]
xícara (f)	csésze	[ʧe:sɛ]
prato (m)	tányér	[ta:ne:r]
pires (m)	csészealj	[ʧe:sɛɒj]
guardanapo (m)	szalvéta	[sɒlve:tɒ]
palito (m)	fogpiszkáló	[fokpiska:lo:]

44. Restaurante

restaurante (m)	étterem	[e:ttɛrɛm]
cafeteria (f)	kávézó	[ka:ve:zo:]
bar (m), cervejaria (f)	bár	[ba:r]
salão (m) de chá	tea szalon	[tɛɒ sɒlon]

garçom (m)	pincér	[pintse:r]
garçonete (f)	pincérnő	[pintse:rnø:]
barman (m)	bármixer	[ba:rmiksɛr]

cardápio (m)	étlap	[e:tlɒp]
lista (f) de vinhos	borlap	[borlɒp]
reservar uma mesa	asztalt foglal	[ɒstɒlt foglɒl]

prato (m)	étel	[e:tɛl]
pedir (vt)	rendel	[rɛndɛl]
fazer o pedido	rendel	[rɛndɛl]

aperitivo (m)	aperitif	[ɒpɛritif]
entrada (f)	előétel	[ɛlø:e:tɛl]
sobremesa (f)	desszert	[dɛssɛrt]

conta (f)	számla	[sa:mlɒ]
pagar a conta	számlát fizet	[sa:mla:t fizɛt]
dar o troco	visszajáró pénzt ad	[vissɒja:ro: pe:nzt ɒd]
gorjeta (f)	borravaló	[borrɒvɒlo:]

Família, parentes e amigos

45. Informação pessoal. Formulários

nome (m)	név	[ne:v]
sobrenome (m)	vezetéknév	[vɛzɛte:k ne:v]
data (f) de nascimento	születési dátum	[sylɛte:ʃi da:tum]
local (m) de nascimento	születési hely	[sylɛte:ʃi hɛj]

nacionalidade (f)	nemzetiség	[nɛmzɛtiʃe:g]
lugar (m) de residência	lakcím	[lɒktsi:m]
país (m)	ország	[orsa:g]
profissão (f)	foglalkozás	[foglɒlkoza:ʃ]

sexo (m)	nem	[nɛm]
estatura (f)	magasság	[mɒgɒʃa:g]
peso (m)	súly	[ʃu:j]

46. Membros da família. Parentes

mãe (f)	anya	[ɒɲɒ]
pai (m)	apa	[ɒpɒ]
filho (m)	fiú	[fiu:]
filha (f)	lány	[la:ɲ]

caçula (f)	fiatalabb lány	[fiɒtɒlɒbb la:ɲ]
caçula (m)	fiatalabb fiú	[fiɒtɒlɒbb fiu:]
filha (f) mais velha	idősebb lány	[idø:ʃɛbb la:ɲ]
filho (m) mais velho	idősebb fiú	[idø:ʃɛbb fiu:]

irmão (m) mais velho	báty	[ba:c]
irmão (m) mais novo	öcs	[øtʃ]
irmã (f) mais velha	nővér	[nø:ve:r]
irmã (f) mais nova	húg	[hu:g]

primo (m)	unokabáty	[unokɒ ba:c]
prima (f)	unokanővér	[unokɒ nø:ve:r]
mamãe (f)	anya	[ɒɲɒ]
papai (m)	apa	[ɒpɒ]
pais (pl)	szülők	[sylø:k]
criança (f)	gyerek	[ɟɛrɛk]
crianças (f pl)	gyerekek	[ɟɛrɛkɛk]

avó (f)	nagyanya	[nɒɟɒɲɒ]
avô (m)	nagyapa	[nɒɟɒpɒ]
neto (m)	unoka	[unokɒ]
neta (f)	unoka	[unokɒ]
netos (pl)	unokák	[unoka:k]

tio (m)	bácsi	[ba:t͡ʃi]
tia (f)	néni	[ne:ni]
sobrinho (m)	unokaöcs	[unokɒøt͡ʃ]
sobrinha (f)	unokahúg	[unokɒhu:g]

sogra (f)	anyós	[ɒɲø:ʃ]
sogro (m)	após	[ɒpo:ʃ]
genro (m)	vő	[vø:]
madrasta (f)	mostohaanya	[moʃtohɒɒɲɒ]
padrasto (m)	mostohaapa	[moʃtohɒɒpɒ]

criança (f) de colo	csecsemő	[t͡ʃɛt͡ʃɛmø:]
bebê (m)	csecsemő	[t͡ʃɛt͡ʃɛmø:]
menino (m)	kisgyermek	[kiɟɛrmɛk]

mulher (f)	feleség	[fɛlɛʃe:g]
marido (m)	férj	[fe:rj]
esposo (m)	házastárs	[ha:zɒʃta:rʃ]
esposa (f)	hitves	[hitvɛʃ]

casado (adj)	nős	[nø:ʃ]
casada (adj)	férjnél	[fe:rjne:l]
solteiro (adj)	nőtlen	[nø:tlɛn]
solteirão (m)	nőtlen ember	[nø:tlɛn ɛmbɛr]
divorciado (adj)	elvált	[ɛlva:lt]
viúva (f)	özvegy	[øzvɛɟ]
viúvo (m)	özvegy	[øzvɛɟ]

parente (m)	rokon	[rokon]
parente (m) próximo	közeli rokon	[køzɛli rokon]
parente (m) distante	távoli rokon	[ta:voli rokon]
parentes (m pl)	rokonok	[rokonok]

órfão (m), órfã (f)	árva	[a:rvɒ]
tutor (m)	gyám	[ɟa:m]
adotar (um filho)	örökbe fogad	[ørøkbɛ fogɒd]
adotar (uma filha)	örökbe fogad	[ørøkbɛ fogɒd]

Medicina

47. Doenças

doença (f)	betegség	[bɛtɛgʃeːg]
estar doente	beteg van	[bɛtɛg vɒn]
saúde (f)	egészség	[ɛgeːʃeːg]
nariz (m) escorrendo	nátha	[naːthɒ]
amigdalite (f)	torokgyulladás	[torokɟyllɒdaːʃ]
resfriado (m)	megfázás	[mɛgfaːzaːʃ]
ficar resfriado	megfázik	[mɛgfaːzik]
bronquite (f)	hörghurut	[hørgfurut]
pneumonia (f)	tüdőgyulladás	[tydøːɟyllɒɟaːʃ]
gripe (f)	influenza	[influɛnzɒ]
míope (adj)	rövidlátó	[røvidlaːtoː]
presbita (adj)	távollátó	[taːvollaːtoː]
estrabismo (m)	kancsalság	[kɒntʃɒlʃaːg]
estrábico, vesgo (adj)	kancsal	[kɒntʃɒl]
catarata (f)	szürke hályog	[syrkɛ haːjog]
glaucoma (m)	glaukóma	[glɒukoːmɒ]
AVC (m), apoplexia (f)	inzultus	[inzultuʃ]
ataque (m) cardíaco	infarktus	[infɒrktuʃ]
paralisia (f)	bénaság	[beːnɒʃaːg]
paralisar (vt)	megbénít	[mɛgbeːniːt]
alergia (f)	allergia	[ɒllɛrgiɒ]
asma (f)	asztma	[ɒstmɒ]
diabetes (f)	cukorbaj	[tsukorbɒj]
dor (f) de dente	fogfájás	[fogfaːjaːʃ]
cárie (f)	fogszuvasodás	[fogsuvɒʃoda:ʃ]
diarreia (f)	hasmenés	[hɒʃmɛneːʃ]
prisão (f) de ventre	szorulás	[sorulaːʃ]
desarranjo (m) intestinal	gyomorrontás	[ɟømorrontaːʃ]
intoxicação (f) alimentar	mérgezés	[meːrgɛzeːʃ]
intoxicar-se	mérgezést kap	[meːrgɛzeːʃt kɒp]
artrite (f)	ízületi gyulladás	[iːzylɛti ɟyllɒdaːʃ]
raquitismo (m)	angolkór	[ɒŋgolkoːr]
reumatismo (m)	reuma	[rɛumɒ]
arteriosclerose (f)	érelmeszesedés	[eːrɛlmɛsɛʃɛdeːʃ]
gastrite (f)	gyomorhurut	[ɟømorhurut]
apendicite (f)	vakbélgyulladás	[vɒkbeːlɟyllɒdaːʃ]
colecistite (f)	epehólyaggyulladás	[ɛpɛhoːjɒgɟyllɒdaːʃ]

úlcera (f)	fekély	[fɛke:j]
sarampo (m)	kanyaró	[kɔɲɒro:]
rubéola (f)	rózsahimlő	[ro:ʒɒhimlø:]
icterícia (f)	sárgaság	[ʃa:rgɒʃa:g]
hepatite (f)	hepatitisz	[hɛpɒtitis]

esquizofrenia (f)	szkizofrénia	[skizofre:niɒ]
raiva (f)	veszettség	[vɛsɛttʃe:g]
neurose (f)	neurózis	[nɛuro:ziʃ]
contusão (f) cerebral	agyrázkódás	[ɒɟra:skoda:ʃ]

câncer (m)	rák	[ra:k]
esclerose (f)	szklerózis	[sklɛro:ziʃ]
esclerose (f) múltipla	szklerózis multiplex	[sklɛro:ziʃ multiplɛks]

alcoolismo (m)	alkoholizmus	[ɒlkoholizmuʃ]
alcoólico (m)	alkoholista	[ɒlkoholiʃtɒ]
sífilis (f)	szifilisz	[sifilis]
AIDS (f)	AIDS	[ɛjds]

tumor (m)	daganat	[dɒgɒnɒt]
febre (f)	láz	[la:z]
malária (f)	malária	[mɒla:riɒ]
gangrena (f)	üszkösödés	[yskøʃøde:ʃ]
enjoo (m)	tengeribetegség	[tɛŋgɛribɛtɛgʃe:g]
epilepsia (f)	epilepszia	[ɛpilɛpsiɒ]

epidemia (f)	járvány	[ja:rva:ɲ]
tifo (m)	tífusz	[ti:fus]
tuberculose (f)	tuberkulózis	[tubɛrkulo:ziʃ]
cólera (f)	kolera	[kolɛrɒ]
peste (f) bubônica	pestis	[pɛʃtiʃ]

48. Sintomas. Tratamentos. Parte 1

sintoma (m)	tünet	[tynɛt]
temperatura (f)	láz	[la:z]
febre (f)	magas láz	[mɒgɒʃ la:z]
pulso (m)	pulzus	[pulzuʃ]

vertigem (f)	szédülés	[se:dyle:ʃ]
quente (testa, etc.)	forró	[forro:]
calafrio (m)	hidegrázás	[hidɛgra:za:ʃ]
pálido (adj)	sápadt	[ʃa:pɒtt]

tosse (f)	köhögés	[køhøge:ʃ]
tossir (vi)	köhög	[køhøg]
espirrar (vi)	tüsszent	[tyssɛnt]
desmaio (m)	ájulás	[a:jula:ʃ]
desmaiar (vi)	elájul	[ɛla:jul]

mancha (f) preta	kék folt	[ke:k folt]
galo (m)	dudor	[dudor]
machucar-se (vr)	nekiütődik	[nɛkiytø:dik]

contusão (f)	ütés	[yte:ʃ]
machucar-se (vr)	megüti magát	[mɛgyti mɒga:t]
mancar (vi)	sántít	[ʃa:nti:t]
deslocamento (f)	ficam	[fitsɒm]
deslocar (vt)	kificamít	[kifitsɒmi:t]
fratura (f)	törés	[tøre:ʃ]
fraturar (vt)	eltör	[ɛltør]
corte (m)	vágás	[va:ga:ʃ]
cortar-se (vr)	megvágja magát	[mɛgva:gjɒ mɒga:t]
hemorragia (f)	vérzés	[ve:rze:ʃ]
queimadura (f)	égési seb	[e:ge:ʃi ʃɛb]
queimar-se (vr)	megégeti magát	[mɛge:gɛti mɒga:t]
picar (vt)	megszúr	[mɛgsu:r]
picar-se (vr)	megszúrja magát	[mɛgsu:rjo mɒga:t]
lesionar (vt)	megsért	[mɛgʃe:rt]
lesão (m)	sérülés	[ʃe:ryle:ʃ]
ferida (f), ferimento (m)	seb	[ʃɛb]
trauma (m)	sérülés	[ʃe:ryle:ʃ]
delirar (vi)	félrebeszél	[fe:lrɛbɛse:l]
gaguejar (vi)	dadog	[dɒdog]
insolação (f)	napszúrás	[nɒpsu:ra:ʃ]

49. Sintomas. Tratamentos. Parte 2

dor (f)	fájdalom	[fa:jdɒlom]
farpa (no dedo, etc.)	szálka	[sa:lkɒ]
suor (m)	veríték	[vɛri:te:k]
suar (vi)	izzad	[izzɒd]
vômito (m)	hányás	[ha:ɲa:ʃ]
convulsões (f pl)	görcs	[gørtʃ]
grávida (adj)	terhes	[tɛrhɛʃ]
nascer (vi)	születik	[sylɛtik]
parto (m)	szülés	[syle:ʃ]
dar à luz	szül	[syl]
aborto (m)	magzatelhajtás	[mɒgzɒtɛlhɒjta:ʃ]
respiração (f)	lélegzés	[le:lɛgze:ʃ]
inspiração (f)	belégzés	[bɛle:gze:ʃ]
expiração (f)	kilégzés	[kile:gze:ʃ]
expirar (vi)	kilélegzik	[kile:lɛgzik]
inspirar (vi)	belélegzik	[bɛle:lɛgzik]
inválido (m)	rokkant	[rokkɒnt]
aleijado (m)	nyomorék	[ɲomore:k]
drogado (m)	narkós	[nɒrko:ʃ]
surdo (adj)	süket	[ʃykɛt]
mudo (adj)	néma	[ne:mɒ]

surdo-mudo (adj)	süketnéma	[ʃykɛtne:mɒ]
louco, insano (adj)	őrült	[ø:rylt]
louco (m)	őrült férfi	[ø:rylt fe:rfi]
louca (f)	őrült nő	[ø:rylt nø:]
ficar louco	megőrül	[mɛgø:ryl]

gene (m)	gén	[ge:n]
imunidade (f)	immunitás	[immunita:ʃ]
hereditário (adj)	örökölt	[ørøkølt]
congênito (adj)	veleszületett	[vɛlɛʃsylɛtɛtt]

vírus (m)	vírus	[vi:ruʃ]
micróbio (m)	mikroba	[mikrobɒ]
bactéria (f)	baktérium	[bɒkte:rium]
infecção (f)	fertőzés	[fɛrtø:ze:ʃ]

50. Sintomas. Tratamentos. Parte 3

hospital (m)	kórház	[ko:rha:z]
paciente (m)	beteg	[bɛtɛg]

diagnóstico (m)	diagnózis	[diɒgno:ziʃ]
cura (f)	gyógyítás	[ɟø:ɟi:ta:ʃ]
tratamento (m) médico	kezelés	[kɛzɛle:ʃ]
curar-se (vr)	gyógyul	[ɟø:ɟyl]
tratar (vt)	gyógyít	[ɟø:ɟi:t]
cuidar (pessoa)	ápol	[a:pol]
cuidado (m)	ápolás	[a:pola:ʃ]

operação (f)	műtét	[my:te:t]
enfaixar (vt)	beköt	[bɛkøt]
enfaixamento (m)	bekötés	[bɛkøte:ʃ]
vacinação (f)	oltás	[olta:ʃ]
vacinar (vt)	beolt	[bɛolt]
injeção (f)	injekció	[iɲɛktsio:]
dar uma injeção	injekciót ad	[iɲɛktsio:t ɒd]

ataque (~ de asma, etc.)	roham	[rohɒm]
amputação (f)	amputálás	[ɒmputa:la:ʃ]
amputar (vt)	csonkol	[tʃoŋkol]
coma (f)	kóma	[ko:mɒ]
estar em coma	kómában van	[ko:ma:bɒn vɒn]
reanimação (f)	reanimáció	[rɛɒnima:tsio:]

recuperar-se (vr)	felgyógyul	[fɛlɟø:ɟyl]
estado (~ de saúde)	állapot	[a:llɒpot]
consciência (perder a ~)	eszmélet	[ɛsme:lɛt]
memória (f)	emlékezet	[ɛmle:kɛzɛt]

tirar (vt)	húz	[hu:z]
obturação (f)	fogtömés	[fogtøme:ʃ]
obturar (vt)	fogat betöm	[fogɒt bɛtøm]
hipnose (f)	hipnózis	[hipno:ziʃ]
hipnotizar (vt)	hipnotizál	[hipnotiza:l]

51. Médicos

médico (m)	orvos	[orvoʃ]
enfermeira (f)	nővér	[nø:ve:r]
médico (m) pessoal	személyes orvos	[sɛme:jɛʃ orvoʃ]

dentista (m)	fogász	[foga:s]
oculista (m)	szemész	[sɛme:s]
terapeuta (m)	belgyógyász	[bɛʎø:ɟa:s]
cirurgião (m)	sebész	[ʃɛbe:s]

psiquiatra (m)	elmeorvos	[ɛlmɛorvoʃ]
pediatra (m)	gyermekorvos	[ɟɛrmɛk orvoʃ]
psicólogo (m)	pszichológus	[psiholo:guʃ]
ginecologista (m)	nőgyógyász	[nø:ɟø:ɟa:s]
cardiologista (m)	kardiológus	[kɒrdjolo:guʃ]

52. Medicina. Drogas. Acessórios

medicamento (m)	gyógyszer	[ɟø:ɟsɛr]
remédio (m)	orvosság	[orvoʃa:g]
receitar (vt)	felír	[fɛli:r]
receita (f)	recept	[rɛtsɛpt]

comprimido (m)	tabletta	[tɒblɛttɒ]
unguento (m)	kenőcs	[kɛnø:tʃ]
ampola (f)	ampulla	[ɒmpullɒ]
solução, preparado (m)	gyógyszerkeverék	[ɟø:ɟsɛr kɛvɛre:k]
xarope (m)	szirup	[sirup]
cápsula (f)	pirula	[pirulɒ]
pó (m)	por	[por]

atadura (f)	kötés	[køte:ʃ]
algodão (m)	vatta	[vɒttɒ]
iodo (m)	jódtinktúra	[jo:ttiŋktu:rɒ]

curativo (m) adesivo	ragtapasz	[rɒgtɒpɒs]
conta-gotas (m)	pipetta	[pipɛttɒ]
termômetro (m)	hőmérő	[hø:me:rø:]
seringa (f)	fecskendő	[fɛtʃkɛndø:]

| cadeira (f) de rodas | tolószék | [tolo:se:k] |
| muletas (f pl) | mankók | [mɒŋko:k] |

analgésico (m)	fájdalomcsillapító	[fa:jdɒlomtʃillɒpi:to:]
laxante (m)	hashajtó	[hɒʃhɒjto:]
álcool (m)	szesz	[sɛs]
ervas (f pl) medicinais	fű	[fy:]
de ervas (chá ~)	fű	[fy:]

HABITAT HUMANO

Cidade

53. Cidade. Vida na cidade

cidade (f)	város	[va:roʃ]
capital (f)	főváros	[fø:va:roʃ]
aldeia (f)	falu	[fɒlu]

mapa (m) da cidade	város térképe	[va:roʃ te:rke:pɛ]
centro (m) da cidade	városközpont	[va:roʃkøspont]
subúrbio (m)	külváros	[kylva:roʃ]
suburbano (adj)	külvárosi	[kylva:roʃi]

periferia (f)	külváros	[kylva:roʃ]
arredores (m pl)	környék	[kørne:k]
quarteirão (m)	városnegyed	[va:roʃnɛɟɛd]
quarteirão (m) residencial	lakótelep	[lɒko:tɛlɛp]

tráfego (m)	közlekedés	[køzlɛkɛde:ʃ]
semáforo (m)	lámpa	[la:mpɒ]
transporte (m) público	városi közlekedés	[va:roʃi køzlɛkɛde:ʃ]
cruzamento (m)	útkereszteződés	[u:tkɛrɛstɛzø:de:s]

faixa (f)	átkelőhely	[a:tkɛlø:hɛj]
túnel (m) subterrâneo	aluljáró	[ɒlulja:ro:]
cruzar, atravessar (vt)	átmegy	[a:tmɛɟ]
pedestre (m)	gyalogos	[ɟologoʃ]
calçada (f)	járda	[ja:rdɒ]

ponte (f)	híd	[hi:d]
margem (f) do rio	rakpart	[rɒkpɒrt]
fonte (f)	szökőkút	[søkø:ku:t]

alameda (f)	fasor	[fɒʃor]
parque (m)	park	[pɒrk]
bulevar (m)	sétány	[ʃe:ta:ɲ]
praça (f)	tér	[te:r]
avenida (f)	sugárút	[ʃuga:ru:t]
rua (f)	utca	[uttsɒ]
travessa (f)	mellékutca	[mɛlle:kutsɒ]
beco (m) sem saída	zsákutca	[ʒa:kuttsɒ]

casa (f)	ház	[ha:z]
edifício, prédio (m)	épület	[e:pylɛt]
arranha-céu (m)	felhőkarcoló	[fɛlhø:kɒrtsolo:]
fachada (f)	homlokzat	[homlogzɒt]
telhado (m)	tető	[tɛtø:]

janela (f)	ablak	[ɒblɒk]
arco (m)	boltív	[bolti:v]
coluna (f)	oszlop	[oslɒp]
esquina (f)	sarok	[ʃɒrok]

vitrine (f)	kirakat	[kirɒkɒt]
letreiro (m)	cégtábla	[tse:gta:blɒ]
cartaz (do filme, etc.)	poszter	[postɛr]
cartaz (m) publicitário	reklámplakát	[rɛkla:m plɒka:t]
painel (m) publicitário	hirdetőtábla	[hirdɛtø:ta:blɒ]

lixo (m)	szemét	[sɛme:t]
lata (f) de lixo	kuka	[kukɒ]
jogar lixo na rua	szemetel	[sɛmɛtɛl]
aterro (m) sanitário	szemétlerakó hely	[sɛme:tlɛrɒko: hɛj]

orelhão (m)	telefonfülke	[tɛlɛfonfylkɛ]
poste (m) de luz	lámpaoszlop	[la:mpɒoslop]
banco (m)	pad	[pɒd]

polícia (m)	rendőr	[rɛndø:r]
polícia (instituição)	rendőrség	[rɛndø:rʃe:g]
mendigo, pedinte (m)	koldus	[kolduʃ]
desabrigado (m)	hajléktalan	[hɒjle:ktɒlɒn]

54. Instituições urbanas

loja (f)	bolt	[bolt]
drogaria (f)	gyógyszertár	[ɟø:ɟsɛrta:r]
ótica (f)	optika	[optikɒ]
centro (m) comercial	vásárlóközpont	[va:ʃa:rlo: køspont]
supermercado (m)	szupermarket	[supɛrmɒrkɛt]

padaria (f)	péküzlet	[pe:kyzlɛt]
padeiro (m)	pék	[pe:k]
pastelaria (f)	cukrászda	[tsukra:sdɒ]
mercearia (f)	élelmiszerbolt	[e:lɛlmisɛrbolt]
açougue (m)	húsbolt	[hu:ʃbolt]

| fruteira (f) | zöldségbolt | [zøldʃe:gbolt] |
| mercado (m) | piac | [piɒts] |

cafeteria (f)	kávézó	[ka:ve:zo:]
restaurante (m)	étterem	[e:ttɛrɛm]
bar (m)	söröző	[ʃørøzø:]
pizzaria (f)	pizzéria	[pitse:riɒ]

salão (m) de cabeleireiro	fodrászat	[fodra:sɒt]
agência (f) dos correios	posta	[poʃtɒ]
lavanderia (f)	vegytisztítás	[vɛɟtisti:ta:ʃ]
estúdio (m) fotográfico	fényképészet	[fe:ɲke:pe:sɛt]

| sapataria (f) | cipőbolt | [tsipø:bolt] |
| livraria (f) | könyvesbolt | [køɲvɛʃbolt] |

loja (f) de artigos esportivos	sportbolt	[ʃportbolt]
costureira (m)	ruhajavítás	[ruhɒ jɒvi:ta:ʃ]
aluguel (m) de roupa	ruhakölcsönzés	[ruhɒ køltʃønze:ʃ]
videolocadora (f)	filmkölcsönzés	[film køltʃønze:ʃ]
circo (m)	cirkusz	[tsirkus]
jardim (m) zoológico	állatkert	[a:llɒt kɛrt]
cinema (m)	mozi	[mozi]
museu (m)	múzeum	[mu:zɛum]
biblioteca (f)	könyvtár	[køɲvta:r]
teatro (m)	színház	[si:nha:z]
ópera (f)	opera	[opɛrɒ]
boate (casa noturna)	éjjeli klub	[e:jjɛli klub]
cassino (m)	kaszinó	[kɒsino:]
mesquita (f)	mecset	[mɛtʃɛt]
sinagoga (f)	zsinagóga	[ʒinɒgo:gɒ]
catedral (f)	székesegyház	[se:kɛʃɛɟha:z]
templo (m)	templom	[tɛmplom]
igreja (f)	templom	[tɛmplom]
faculdade (f)	intézet	[inte:zɛt]
universidade (f)	egyetem	[ɛɟɛtɛm]
escola (f)	iskola	[iʃkolɒ]
prefeitura (f)	polgármesteri hivatal	[polga:rmɛʃtɛri hivɒtɒl]
câmara (f) municipal	városháza	[va:roʃha:zɒ]
hotel (m)	szálloda	[sa:llodɒ]
banco (m)	bank	[bɒŋk]
embaixada (f)	nagykövetség	[nɒckøvɛtʃ:e:g]
agência (f) de viagens	utazási iroda	[utɒza:ʃi irodɒ]
agência (f) de informações	tudakozóiroda	[tudɒkozo: irodɒ]
casa (f) de câmbio	pénzváltó	[pe:nzva:lto:]
metrô (m)	metró	[mɛtro:]
hospital (m)	kórház	[ko:rha:z]
posto (m) de gasolina	benzinkút	[bɛnziŋku:t]
parque (m) de estacionamento	parkolóhely	[pɒrkolo:hɛj]

55. Sinais

letreiro (m)	cégtábla	[tse:gta:blɒ]
aviso (m)	felirat	[fɛlirɒt]
cartaz, pôster (m)	plakát	[plɒka:t]
placa (f) de direção	útjelző	[u:tjɛlzø:]
seta (f)	nyíl	[ɲi:l]
aviso (advertência)	figyelmeztetés	[fiɟɛlmɛztɛte:ʃ]
sinal (m) de aviso	figyelmeztetés	[fiɟɛlmɛztɛte:ʃ]
avisar, advertir (vt)	figyelmeztet	[fiɟɛlmɛztɛt]
dia (m) de folga	szabadnap	[sɒbɒdnɒp]

| horário (~ dos trens, etc.) | órarend | [o:rɔrɛnd] |
| horário (m) | nyitvatartási idő | [ɲitvɒtɔrta:ʃi idø:] |

BEM-VINDOS!	ISTEN HOZTA!	[iʃtɛn hoztɒ]
ENTRADA	BEJÁRAT	[bɛja:rɒt]
SAÍDA	KIJÁRAT	[kija:rɒt]

EMPURRE	TOLNI	[tolni]
PUXE	HÚZNI	[hu:zni]
ABERTO	NYITVA	[ɲitvɒ]
FECHADO	ZÁRVA	[za:rvɒ]

| MULHER | NŐI | [nø:i] |
| HOMEM | FÉRFI | [fe:rfi] |

DESCONTOS	KIÁRUSÍTÁS	[kia:ruʃi:ta:ʃ]
SALDOS, PROMOÇÃO	KEDVEZMÉNY	[kɛdvɛzme:ɲ]
NOVIDADE!	ÚJDONSÁG!	[u:jdonʃa:g]
GRÁTIS	INGYEN	[iɲɟɛn]

ATENÇÃO!	FIGYELEM!	[fiɟɛlɛm]
NÃO HÁ VAGAS	NINCS HELY	[ninʧ hɛj]
RESERVADO	FOGLALT	[foglɒlt]

| ADMINISTRAÇÃO | IGAZGATÁS | [igɒzgɒta:ʃ] |
| SOMENTE PESSOAL AUTORIZADO | SZEMÉLYZETI BEJÁRAT | [sɛme:jzɛti bɛja:rɒt] |

CUIDADO CÃO FEROZ	HARAPOS KUTYA	[hɒrɒpoʃ kucɒ]
PROIBIDO FUMAR!	DOHÁNYOZNI TILOS!	[doha:nøzni tiloʃ]
NÃO TOCAR	NYÚJTANI TILOS!	[ɲu:jtɒni tiloʃ]

PERIGOSO	VESZÉLYES	[vɛse:jɛʃ]
PERIGO	VESZÉLY	[vɛse:j]
ALTA TENSÃO	MAGAS FESZÜLTSÉG	[mɒgɒʃ fɛsyltʃe:g]
PROIBIDO NADAR	FÜRDENI TILOS	[fyrdɛni tiloʃ]
COM DEFEITO	NEM MŰKÖDIK	[nɛm my:kødik]

INFLAMÁVEL	TŰZVESZÉLYES	[ty:zvɛse:jɛʃ]
PROIBIDO	TILOS	[tiloʃ]
ENTRADA PROIBIDA	TILOS AZ ÁTJÁRÁS	[tiloʃ ɒz a:tja:ra:ʃ]
CUIDADO TINTA FRESCA	FESTETT	[fɛʃtɛtt]

56. Transportes urbanos

ônibus (m)	busz	[bus]
bonde (m) elétrico	villamos	[villɒmoʃ]
trólebus (m)	trolibusz	[trolibus]
rota (f), itinerário (m)	járat	[ja:rɒt]
número (m)	szám	[sa:m]

ir de ... (carro, etc.)	megy ...vel	[mɛɟ ...vɛl]
entrar no ...	felszáll	[fɛlsa:ll]
descer do ...	leszáll	[lɛsa:ll]

parada (f)	állomás	[a:lloma:ʃ]
próxima parada (f)	következő állomás	[køvɛtkɛzø: a:lloma:ʃ]
terminal (m)	végállomás	[ve:ga:lloma:ʃ]
horário (m)	menetrend	[mɛnɛtrɛnd]
esperar (vt)	vár	[va:r]

| passagem (f) | jegy | [jɛɟ] |
| tarifa (f) | jegyár | [jɛɟa:r] |

bilheteiro (m)	pénztáros	[pe:nsta:roʃ]
controle (m) de passagens	ellenőrzés	[ɛllɛnø:rze:ʃ]
revisor (m)	ellenőr	[ɛllɛnø:r]

atrasar-se (vr)	késik	[ke:ʃik]
perder (o autocarro, etc.)	elkésik ...re	[ɛlke:ʃik ...rɛ]
estar com pressa	siet	[ʃiɛt]

táxi (m)	taxi	[tɒksi]
taxista (m)	taxis	[tɒksiʃ]
de táxi (ir ~)	taxival	[tɒksivɒl]
ponto (m) de táxis	taxiállomás	[tɒksia:lloma:ʃ]
chamar um táxi	taxit hív	[tɒksit hi:v]
pegar um táxi	taxival megy	[tɒksival mɛɟ]

tráfego (m)	közlekedés	[køzlɛkɛde:ʃ]
engarrafamento (m)	dugó	[dugo:]
horas (f pl) de pico	csúcsforgalom	[tʃu:tʃforgɒlom]
estacionar (vi)	parkol	[pɒrkol]
estacionar (vt)	parkol	[pɒrkol]
parque (m) de estacionamento	parkolóhely	[pɒrkolo:hɛj]

metrô (m)	metró	[mɛtro:]
estação (f)	állomás	[a:lloma:ʃ]
ir de metrô	metróval megy	[mɛtro:vɒl mɛɟ]
trem (m)	vonat	[vonɒt]
estação (f) de trem	pályaudvar	[pa:jɒudvɒr]

57. Turismo

monumento (m)	műemlék	[my:ɛmle:k]
fortaleza (f)	erőd	[ɛrø:d]
palácio (m)	palota	[pɒlotɒ]
castelo (m)	kastély	[kɒʃte:j]
torre (f)	torony	[toroɲ]
mausoléu (m)	mauzóleum	[mɒuzo:lɛum]

arquitetura (f)	építészet	[e:pi:te:sɛt]
medieval (adj)	középkori	[køze:pkori]
antigo (adj)	ősi	[ø:ʃi]
nacional (adj)	nemzeti	[nɛmzɛti]
famoso, conhecido (adj)	híres	[hi:rɛʃ]

| turista (m) | turista | [turiʃtɒ] |
| guia (pessoa) | idegenvezető | [idɛgɛn vɛzɛtø:] |

excursão (f)	kirándulás	[kira:ndula:ʃ]
mostrar (vt)	mutat	[mutɒt]
contar (vt)	mesél	[mɛʃe:l]

encontrar (vt)	talál	[tɒla:l]
perder-se (vr)	elvész	[ɛlve:s]
mapa (~ do metrô)	térkép	[te:rke:p]
mapa (~ da cidade)	térkép	[te:rke:p]

lembrança (f), presente (m)	emléktárgy	[ɛmle:kta:rɟ]
loja (f) de presentes	ajándékbolt	[ɒja:nde:kbolt]
tirar fotos, fotografar	fényképez	[fe:ɲke:pɛz]
fotografar-se (vr)	lefényképezteti magát	[lɛfe:ɲke:pɛztɛti mɒga:t]

58. Compras

comprar (vt)	vásárol	[va:ʃa:rol]
compra (f)	vásárolt holmi	[va:ʃa:rolt holmi]
fazer compras	vásárol	[va:ʃa:rol]
compras (f pl)	vásárlás	[va:ʃa:rla:ʃ]

| estar aberta (loja) | dolgozik | [dolgozik] |
| estar fechada | bezáródik | [bɛza:ro:dik] |

calçado (m)	cipő	[tsipø:]
roupa (f)	ruha	[ruhɒ]
cosméticos (m pl)	kozmetika	[kozmɛtikɒ]
alimentos (m pl)	élelmiszer	[e:lɛlmisɛr]
presente (m)	ajándék	[ɒja:nde:k]

| vendedor (m) | eladó | [ɛlɒdo:] |
| vendedora (f) | eladónő | [ɛlɒdo:nø:] |

caixa (f)	pénztár	[pe:nsta:r]
espelho (m)	tükör	[tykør]
balcão (m)	pult	[pult]
provador (m)	próbafülke	[pro:bɒfylkɛ]

provar (vt)	felpróbál	[fɛlpro:ba:l]
servir (roupa, caber)	megfelel	[mɛgfɛlɛl]
gostar (apreciar)	tetszik	[tɛtsik]

preço (m)	ár	[a:r]
etiqueta (f) de preço	árcédula	[a:rtse:dulɒ]
custar (vt)	kerül	[kɛryl]
Quanto?	Mennyibe kerül?	[mɛɲɲibɛ kɛryl]
desconto (m)	kedvezmény	[kɛdvɛzme:ɲ]

não caro (adj)	olcsó	[oltʃo:]
barato (adj)	olcsó	[oltʃo:]
caro (adj)	drága	[dra:gɒ]
É caro	Ez drága.	[ɛz dra:gɒ]
aluguel (m)	kölcsönzés	[køltʃønze:ʃ]
alugar (roupas, etc.)	kölcsönöz	[køltʃønøz]

| crédito (m) | hitel | [hitɛl] |
| a crédito | hitelbe | [hitɛlbɛ] |

59. Dinheiro

dinheiro (m)	pénz	[pe:nz]
câmbio (m)	váltás	[va:lta:ʃ]
taxa (f) de câmbio	árfolyam	[a:rfojɒm]
caixa (m) eletrônico	bankautomata	[bɒŋk ɒutomɒtɒ]
moeda (f)	érme	[e:rmɛ]

| dólar (m) | dollár | [dolla:r] |
| euro (m) | euró | [ɛuro:] |

lira (f)	líra	[li:rɒ]
marco (m)	márka	[ma:rkɒ]
franco (m)	frank	[frɒŋk]
libra (f) esterlina	font sterling	[font stɛrliŋg]
iene (m)	jen	[jɛn]

dívida (f)	adósság	[ɒdo:ʃa:g]
devedor (m)	adós	[ɒdo:ʃ]
emprestar (vt)	kölcsönad	[køltʃønɒd]
pedir emprestado	kölcsönvesz	[køltʃønvɛs]

banco (m)	bank	[bɒŋk]
conta (f)	számla	[sa:mlɒ]
depositar na conta	számlára tesz	[sa:mla:rɒ tɛs]
sacar (vt)	számláról lehív	[sa:mla:ro:l lɛhi:v]

cartão (m) de crédito	hitelkártya	[hitɛlka:rcɒ]
dinheiro (m) vivo	készpénz	[ke:spe:nz]
cheque (m)	csekk	[tʃɛkk]
passar um cheque	kiállít egy csekket	[kia:lli:t ɛɟ: tʃɛkkɛt]
talão (m) de cheques	csekkkönyv	[tʃɛkkkøɲv]

carteira (f)	pénztárca	[pe:nsta:rtsɒ]
niqueleira (f)	pénztárca	[pe:nsta:rtsɒ]
cofre (m)	páncélszekrény	[pa:ntse:lsɛkre:ɲ]

herdeiro (m)	örökös	[ørøkøʃ]
herança (f)	örökség	[ørøkʃe:g]
fortuna (riqueza)	vagyon	[vɒɟøn]

arrendamento (m)	bérlet	[be:rlɛt]
aluguel (pagar o ~)	lakbér	[lɒkbe:r]
alugar (vt)	bérel	[be:rɛl]

preço (m)	ár	[a:r]
custo (m)	költség	[køltʃe:g]
soma (f)	összeg	[øssɛg]

| gastar (vt) | költ | [kølt] |
| gastos (m pl) | kiadások | [kiɒda:ʃok] |

| economizar (vi) | takarékoskodik | [tɒkɒre:koʃkodik] |
| econômico (adj) | takarékos | [tɒkɒre:koʃ] |

pagar (vt)	fizet	[fizɛt]
pagamento (m)	fizetés	[fizɛte:ʃ]
troco (m)	visszajáró pénz	[vissɒja:ro: pe:nz]

imposto (m)	adó	[ɒdo:]
multa (f)	büntetés	[byntɛte:ʃ]
multar (vt)	büntet	[byntɛt]

60. Correios. Serviço postal

agência (f) dos correios	posta	[poʃtɒ]
correio (m)	posta	[poʃtɒ]
carteiro (m)	postás	[poʃta:ʃ]
horário (m)	nyitvatartási idő	[ɲitvɒtɒrta:ʃi idø:]

carta (f)	levél	[lɛve:l]
carta (f) registada	ajánlott levél	[ɒja:nlott lɛve:l]
cartão (m) postal	képeslap	[ke:pɛʃlɒp]
telegrama (m)	távirat	[ta:virɒt]
encomenda (f)	csomag	[ʧomɒg]
transferência (f) de dinheiro	pénzátutalás	[pe:nza:tutɒla:ʃ]

receber (vt)	kap	[kɒp]
enviar (vt)	felad	[fɛlɒd]
envio (m)	feladás	[fɛlɒda:ʃ]

endereço (m)	cím	[tsi:m]
código (m) postal	irányítószám	[ira:ɲi:to:sa:m]
remetente (m)	feladó	[fɛlɒdo:]
destinatário (m)	címzett	[tsi:mzɛtt]

| nome (m) | név | [ne:v] |
| sobrenome (m) | vezetéknév | [vɛzɛte:k ne:v] |

tarifa (f)	tarifa	[tarifa]
ordinário (adj)	normál	[norma:l]
econômico (adj)	kedvezményes	[kɛdvɛzme:ɲɛʃ]

peso (m)	súly	[ʃu:j]
pesar (estabelecer o peso)	megmér	[mɛgme:r]
envelope (m)	boríték	[bori:te:k]
selo (m) postal	márka	[ma:rkɒ]

Moradia. Casa. Lar

61. Casa. Eletricidade

eletricidade (f)	villany	[villɒɲ]
lâmpada (f)	körte	[kørtɛ]
interruptor (m)	bekapcsoló	[bɛkɒptʃolo:]
fusível, disjuntor (m)	biztosíték	[bistoʃi:te:k]
fio, cabo (m)	vezeték	[vɛzɛte:k]
instalação (f) elétrica	vezetés	[vɛzɛte:ʃ]
medidor (m) de eletricidade	villanyóra	[villɒɲ o:rɒ]
indicação (f), registro (m)	állás	[a:lla:ʃ]

62. Moradia. Mansão

casa (f) de campo	hétvégi ház	[he:tve:gi ha:z]
vila (f)	villa	[villɒ]
ala (~ do edifício)	szárny	[sa:rɲ]
jardim (m)	kert	[kɛrt]
parque (m)	park	[pɒrk]
estufa (f)	melegház	[mɛlɛkha:z]
cuidar de ...	ápol	[a:pol]
piscina (f)	medence	[mɛdɛntsɛ]
academia (f) de ginástica	tornacsarnok	[tornɒtʃɒrnok]
quadra (f) de tênis	teniszpálya	[tɛnispa:jɒ]
cinema (m)	házimozi	[ha:zimozi]
garagem (f)	garázs	[gɒra:ʒ]
propriedade (f) privada	magánterület	[mɒga:n tɛrylɛt]
terreno (m) privado	magánterület	[mɒga:n tɛrylɛt]
advertência (f)	figyelmeztetés	[fiɟɛlmɛztɛte:ʃ]
sinal (m) de aviso	figyelmeztető felirat	[fiɟɛlmɛztɛtø: fɛlirɒt]
guarda (f)	őrség	[ø:rʃe:g]
guarda (m)	biztonsági őr	[bistonʃa:gi ø:r]
alarme (m)	riasztó	[riɒsto:]

63. Apartamento

apartamento (m)	lakás	[lɒka:ʃ]
quarto, cômodo (m)	szoba	[sobɒ]
quarto (m) de dormir	hálószoba	[ha:lo:sobɒ]

sala (f) de jantar	ebédlő	[ɛbe:dlø:]
sala (f) de estar	nappali	[nɒppɒli]
escritório (m)	dolgozószoba	[dolgozo:sobɒ]

sala (f) de entrada	előszoba	[ɛlø:sobɒ]
banheiro (m)	fürdőszoba	[fyrdø:sobɒ]
lavabo (m)	vécé	[ve:tse:]

teto (m)	mennyezet	[mɛɲɲɛzɛt]
chão, piso (m)	padló	[pɒdlo:]
canto (m)	sarok	[ʃɒrok]

64. Mobiliário. Interior

mobiliário (m)	bútor	[bu:tor]
mesa (f)	asztal	[ɒstɒl]
cadeira (f)	szék	[se:k]
cama (f)	ágy	[a:ɟ]

| sofá, divã (m) | dívány | [di:va:ɲ] |
| poltrona (f) | fotel | [fotɛl] |

| estante (f) | könyvszekrény | [køɲvsɛkre:ɲ] |
| prateleira (f) | könyvpolc | [køɲvpolts] |

guarda-roupas (m)	ruhaszekrény	[ruhɒ sɛkre:ɲ]
cabide (m) de parede	ruhatartó	[ruhɒtɒrto:]
cabideiro (m) de pé	fogas	[fogɒʃ]

| cômoda (f) | komód | [komo:d] |
| mesinha (f) de centro | dohányzóasztal | [doha:ɲzo:ɒstɒl] |

espelho (m)	tükör	[tykør]
tapete (m)	szőnyeg	[sø:nɛg]
tapete (m) pequeno	kis szőnyeg	[kiʃ sø:nɛg]

lareira (f)	kandalló	[kɒndɒllo:]
vela (f)	gyertya	[ɟɛrcɒ]
castiçal (m)	gyertyatartó	[ɟɛrcɒtɒrto:]

cortinas (f pl)	függöny	[fyggøɲ]
papel (m) de parede	tapéta	[tɒpe:tɒ]
persianas (f pl)	redőny	[rɛdø:ɲ]

| luminária (f) de mesa | asztali lámpa | [ɒstɒli la:mpɒ] |
| luminária (f) de parede | lámpa | [la:mpɒ] |

| abajur (m) de pé | állólámpa | [a:llo:la:mpɒ] |
| lustre (m) | csillár | [ʧilla:r] |

pé (de mesa, etc.)	láb	[la:b]
braço, descanso (m)	kartámla	[kɒrta:mlɒ]
costas (f pl)	támla	[ta:mlɒ]
gaveta (f)	fiók	[fio:k]

65. Quarto de dormir

roupa (f) de cama	ágynemű	[aːɟnɛmyː]
travesseiro (m)	párna	[paːrnɒ]
fronha (f)	párnahuzat	[paːrnɒhuzɒt]
cobertor (m)	takaró	[tɒkɒroː]
lençol (m)	lepedő	[lɛpɛdøː]
colcha (f)	takaró	[tɒkɒroː]

66. Cozinha

cozinha (f)	konyha	[koɲhɒ]
gás (m)	gáz	[gaːz]
fogão (m) a gás	gáztűzhely	[gaːztyːzhɛj]
fogão (m) elétrico	elektromos tűzhely	[ɛlɛktromoʃ tyːshɛj]
forno (m)	sütő	[ʃytøː]
forno (m) de micro-ondas	mikrohullámú sütő	[mikrohullaːmuː ʃytøː]

geladeira (f)	hűtőszekrény	[hyːtøːsɛkreːɲ]
congelador (m)	fagyasztóláda	[fɒɟɒstoːlaːdɒ]
máquina (f) de lavar louça	mosogatógép	[moʃogɒtoːgeːp]

moedor (m) de carne	húsdaráló	[huːʃdɒraːloː]
espremedor (m)	gyümölcscentrifuga	[ɟymølʧ tsɛntrifugɒ]
torradeira (f)	kenyérpirító	[kɛneːrpiriːtoː]
batedeira (f)	turmixgép	[turmiksgeːp]

máquina (f) de café	kávéfőző	[kaːveːføːzøː]
cafeteira (f)	kávéskanna	[kaːveːʃkɒnnɒ]
moedor (m) de café	kávéőrlő	[kaːveːøːrløː]

chaleira (f)	kanna	[kɒnnɒ]
bule (m)	teáskanna	[tɛaːʃkɒnnɒ]
tampa (f)	fedél	[fɛdeːl]
coador (m) de chá	szűrő	[syːrøː]

colher (f)	kanál	[kɒnaːl]
colher (f) de chá	teáskanál	[tɛaːʃkɒnaːl]
colher (f) de sopa	evőkanál	[ɛvøːkɒnaːl]
garfo (m)	villa	[villɒ]
faca (f)	kés	[keːʃ]

louça (f)	edény	[ɛdeːɲ]
prato (m)	tányér	[taːneːr]
pires (m)	csészealj	[ʧeːsɛɒlj]

cálice (m)	kupica	[kupitsɒ]
copo (m)	pohár	[pohaːr]
xícara (f)	csésze	[ʧeːsɛ]

açucareiro (m)	cukortartó	[tsukortɒrtoː]
saleiro (m)	sótartó	[ʃoːtɒrtoː]
pimenteiro (m)	borstartó	[borʃtɒrtoː]

manteigueira (f)	vajtartó	[vɒj tɒrtoː]
panela (f)	lábas	[laːbɒʃ]
frigideira (f)	serpenyő	[ʃɛrpɛɲøː]
concha (f)	merőkanál	[mɛrøːkɒnaːl]
coador (m)	tésztaszűrő	[teːstɒsyːrøː]
bandeja (f)	tálca	[taːltsɒ]

garrafa (f)	palack, üveg	[pɒlɒsk], [yvɛg]
pote (m) de vidro	befőttes üveg	[bɛføːtɛs yvɛg]
lata (~ de cerveja)	bádogdoboz	[baːdogdoboz]

abridor (m) de garrafa	üvegnyitó	[yvɛg ɲitoː]
abridor (m) de latas	konzervnyitó	[konzɛrv ɲitoː]
saca-rolhas (m)	dugóhúzó	[dugoːhuːzoː]
filtro (m)	filter	[filtɛr]
filtrar (vt)	szűr	[syːr]

| lixo (m) | szemét | [sɛmeːt] |
| lixeira (f) | kuka | [kukɒ] |

67. Casa de banho

banheiro (m)	fürdőszoba	[fyrdøːsobɒ]
água (f)	víz	[viːz]
torneira (f)	csap	[ʧɒp]
água (f) quente	meleg víz	[mɛlɛg viːz]
água (f) fria	hideg víz	[hidɛg viːz]

| pasta (f) de dente | fogkrém | [fogkreːm] |
| escovar os dentes | fogat mos | [fogɒt moʃ] |

barbear-se (vr)	borotválkozik	[borotvaːlkozik]
espuma (f) de barbear	borotvahab	[borotvɒhɒb]
gilete (f)	borotva	[borotvɒ]

lavar (vt)	mos	[moʃ]
tomar banho	mosakodik	[moʃɒkodik]
chuveiro (m), ducha (f)	zuhany	[zuhɒɲ]
tomar uma ducha	zuhanyozik	[zuhɒɲozik]

banheira (f)	fürdőkád	[fyrdøːkaːd]
vaso (m) sanitário	vécékagyló	[veːtse kɒɟloː]
pia (f)	mosdókagyló	[moʒdoːkɒɟloː]

| sabonete (m) | szappan | [sɒppɒn] |
| saboneteira (f) | szappantartó | [sɒppɒntɒrtoː] |

esponja (f)	szivacs	[sivɒʧ]
xampu (m)	sampon	[ʃɒmpon]
toalha (f)	törülköző	[tørylkøzøː]
roupão (m) de banho	köntös	[køntøʃ]

| lavagem (f) | mosás | [moʃaːʃ] |
| lavadora (f) de roupas | mosógép | [moʃoːgeːp] |

| lavar a roupa | ruhát mos | [ruha:t moʃ] |
| detergente (m) | mosópor | [moʃo:por] |

68. Eletrodomésticos

televisor (m)	televízió	[tɛlɛvi:zio:]
gravador (m)	magnó	[mɒgno:]
videogravador (m)	videomagnó	[vidɛomɒgno:]
rádio (m)	vevőkészülék	[vɛvø:ke:syle:k]
leitor (m)	sétálómagnó	[ʃe:ta:lo: mɒgno:]

projetor (m)	videovetítő	[vidɛovɛti:tø:]
cinema (m) em casa	házimozi	[ha:zimozi]
DVD Player (m)	DVDlejátszó	[dɛvɛdɛlɛja:tso:]
amplificador (m)	erősítő	[ɛrø:ʃi:tø:]
console (f) de jogos	videojáték	[vidɛoja:te:k]

câmera (f) de vídeo	videokamera	[vidɛokɒmɛrɒ]
máquina (f) fotográfica	fényképezőgép	[fe:ɲke:pɛzø:ge:p]
câmera (f) digital	digitális fényképezőgép	[digita:liʃ fe:ɲke:pɛzø:ge:p]

aspirador (m)	porszívó	[porsi:vo:]
ferro (m) de passar	vasaló	[vɒʃɒlo:]
tábua (f) de passar	vasalódeszka	[vɒʃɒlo:dɛskɒ]

telefone (m)	telefon	[tɛlɛfon]
celular (m)	mobiltelefon	[mobiltɛlɛfon]
máquina (f) de escrever	írógép	[i:ro:ge:p]
máquina (f) de costura	varrógép	[vɒrro:ge:p]

microfone (m)	mikrofon	[mikrofon]
fone (m) de ouvido	fejhallgató	[fɛlhɒllgɒto:]
controle remoto (m)	távkapcsoló	[ta:v kɒptʃolo:]

CD (m)	CDlemez	[tsɛdɛlɛmɛz]
fita (f) cassete	kazetta	[kɒzɛttɒ]
disco (m) de vinil	lemez	[lɛmɛz]

ATIVIDADES HUMANAS

Emprego. Negócios. Parte 1

69. Escritório. O trabalho no escritório

escritório (~ de advogados)	iroda	[irodɒ]
escritório (do diretor, etc.)	iroda	[irodɒ]
recepção (f)	recepció	[rɛtsɛptsio:]
secretário (m)	titkár	[titka:r]
diretor (m)	igazgató	[igɒzgɒto:]
gerente (m)	menedzser	[mɛnɛdʒɛr]
contador (m)	könyvelő	[kønvɛlø:]
empregado (m)	munkatárs	[muŋkɒta:rʃ]
mobiliário (m)	bútor	[bu:tor]
mesa (f)	asztal	[ɒstɒl]
cadeira (f)	munkaszék	[muŋkɒse:k]
gaveteiro (m)	fiókos elem	[fjo:kos ɛlɛm]
cabideiro (m) de pé	fogas	[fogɒʃ]
computador (m)	számítógép	[sa:mi:to:ge:p]
impressora (f)	nyomtató	[ɲomtɒto:]
fax (m)	fax	[fɒks]
fotocopiadora (f)	másoló	[ma:ʃolo:]
papel (m)	papír	[pɒpi:r]
artigos (m pl) de escritório	irodaszerek	[irodɒsɛrɛk]
tapete (m) para mouse	egérpad	[ɛge:rpɒd]
folha (f)	lap	[lɒp]
pasta (f)	irattartó	[irɒttɒrto:]
catálogo (m)	katalógus	[kɒtɒlo:guʃ]
lista (f) telefônica	címkönyv	[tsi:mkøɲv]
documentação (f)	dokumentáció	[dokumɛnta:tsjo:]
brochura (f)	brosúra	[broʃu:rɒ]
panfleto (m)	röplap	[røplɒp]
amostra (f)	mintadarab	[mintɒdɒrɒb]
formação (f)	tréning	[tre:niŋg]
reunião (f)	értekezlet	[e:rtɛkɛzlɛt]
hora (f) de almoço	ebédszünet	[ɛbe:dsynɛt]
fazer uma cópia	lemásol	[lɛma:ʃol]
tirar cópias	sokszoroz	[ʃoksoroz]
receber um fax	faxot kap	[fɒksot kɒp]
enviar um fax	faxot küld	[fɒksot kyld]
fazer uma chamada	felhív	[fɛlhi:v]

| responder (vt) | válaszol | [vaːlɒsol] |
| passar (vt) | összekapcsol | [øssɛkɒptʃol] |

marcar (vt)	megszervez	[mɛksɛrvɛz]
demonstrar (vt)	bemutat	[bɛmutɒt]
estar ausente	hiányzik	[hiaːɲzik]
ausência (f)	távolmaradás	[taːvolmɒrɒdaːʃ]

70. Processos negociais. Parte 1

ocupação (f)	üzlet	[yzlɛt]
firma, empresa (f)	cég	[tseːg]
companhia (f)	társaság	[taːrʃɒʃaːg]
corporação (f)	vállalat	[vaːllɒlɒt]
empresa (f)	vállalat	[vaːllɒlɒt]
agência (f)	ügynökség	[yɟnøkʃeːg]

acordo (documento)	egyezmény	[ɛɟːɛzmeːɲ]
contrato (m)	szerződés	[sɛrzøːdeːʃ]
acordo (transação)	ügylet	[yɟlɛt]
pedido (m)	megrendelés	[mɛgrɛndɛleːʃ]
termos (m pl)	feltétel	[fɛlteːtɛl]

por atacado	nagyban	[nɒɟbɒn]
por atacado (adj)	nagykereskedelmi	[nɒɟkɛrɛʃkɛdɛlmi]
venda (f) por atacado	nagykereskedelem	[nɒɟkɛrɛʃkɛdɛlɛm]
a varejo	kiskereskedelmi	[kiʃkɛrɛʃkɛdɛlmi]
venda (f) a varejo	kiskereskedelem	[kiʃkɛrɛʃkɛdɛlɛm]

concorrente (m)	versenytárs	[vɛrʃɛɲtaːrʃ]
concorrência (f)	verseny	[vɛrʃɛɲ]
competir (vi)	versenyez	[vɛrʃɛnɛz]

| sócio (m) | társ | [taːrʃ] |
| parceria (f) | partnerség | [pɒrtnɛrʃeːg] |

crise (f)	válság	[vaːlʃaːg]
falência (f)	csőd	[tʃøːd]
entrar em falência	tönkremegy	[tønkrɛmɛɟ]
dificuldade (f)	nehézség	[nɛheːzʃeːg]
problema (m)	probléma	[probleːmɒ]
catástrofe (f)	katasztrófa	[kɒtɒstroːfɒ]

economia (f)	gazdaság	[gɒzdɒʃaːg]
econômico (adj)	gazdasági	[gɒzdɒʃaːgi]
recessão (f) econômica	gazdasági hanyatlás	[gɒzdɒʃaːgi hɒɲɒtlaːʃ]

| objetivo (m) | cél | [tseːl] |
| tarefa (f) | feladat | [fɛlɒdɒt] |

comerciar (vi, vt)	kereskedik	[kɛrɛʃkɛdik]
rede (de distribuição)	háló	[haːloː]
estoque (m)	raktár	[rɒktaːr]
sortimento (m)	választék	[vaːlɒsteːk]

líder (m)	vezető	[vɛzɛtø:]
grande (~ empresa)	nagy	[nɒɟ]
monopólio (m)	monopólium	[monopo:lium]

teoria (f)	elmélet	[ɛlme:lɛt]
prática (f)	gyakorlat	[ɟokorlɒt]
experiência (f)	tapasztalat	[tɒpɒstɒlɒt]
tendência (f)	tendencia	[tɛndɛntsiɒ]
desenvolvimento (m)	fejlődés	[fɛjlø:de:ʃ]

71. Processos negociais. Parte 2

| rentabilidade (f) | előny | [ɛlø:ɲ] |
| rentável (adj) | előnyös | [ɛlø:nøʃ] |

delegação (f)	küldöttség	[kyldøttʃe:g]
salário, ordenado (m)	fizetés	[fizɛte:ʃ]
corrigir (~ um erro)	javít	[jɒvi:t]
viagem (f) de negócios	szolgálati utazás	[solga:lɒti utɒza:ʃ]
comissão (f)	bizottság	[bizottʃa:g]

controlar (vt)	ellenőriz	[ɛllɛnø:riz]
conferência (f)	konferencia	[konfɛrɛntsiɒ]
licença (f)	licencia	[litsɛntsiɒ]
confiável (adj)	megbízható	[mɛgbi:shɒto:]

empreendimento (m)	kezdeményezés	[kɛzdɛme:nɛze:ʃ]
norma (f)	szabvány	[sɒbva:ɲ]
circunstância (f)	körülmény	[kørylme:ɲ]
dever (do empregado)	kötelesség	[køtɛlɛʃe:g]

empresa (f)	szervezet	[sɛrvɛzɛt]
organização (f)	szervezet	[sɛrvɛzɛt]
organizado (adj)	szervezett	[sɛrvɛzɛtt]
anulação (f)	törlés	[tørle:ʃ]
anular, cancelar (vt)	eltöröl	[ɛltørøl]
relatório (m)	beszámoló	[bɛsa:molo:]

patente (f)	szabadalom	[sɒbɒdɒlom]
patentear (vt)	szabadalmaztat	[sɒbɒdɒlmɒztɒt]
planejar (vt)	tervez	[tɛrvɛz]

bônus (m)	prémium	[pre:mjum]
profissional (adj)	szakmai	[sɒkmɒi]
procedimento (m)	eljárás	[ɛlja:ra:ʃ]

examinar (~ a questão)	vizsgál	[viʒga:l]
cálculo (m)	számítás	[sa:mi:ta:ʃ]
reputação (f)	hírnév	[hi:rne:v]
risco (m)	kockázat	[kotska:zɒt]

dirigir (~ uma empresa)	irányít	[ira:ni:t]
informação (f)	tudnivalók	[tudnivɒlo:k]
propriedade (f)	tulajdon	[tulɒjdon]

união (f)	szövetség	[søvɛtʃeːg]
seguro (m) de vida	életbiztosítás	[eːlɛt bistoʃiːtaːʃ]
fazer um seguro	biztosít	[bistoʃiːt]
seguro (m)	biztosíték	[bistoʃiːteːk]

leilão (m)	árverés	[aːrvɛreːʃ]
notificar (vt)	értesít	[eːrtɛʃiːt]
gestão (f)	igazgatás	[igɒzgɒtaːʃ]
serviço (indústria de ~s)	szolgálat	[solgaːlɒt]

fórum (m)	fórum	[foːrum]
funcionar (vi)	működik	[myːkødik]
estágio (m)	szakasz	[sɒkɒs]
jurídico, legal (adj)	jogi	[jogi]
advogado (m)	jogász	[jogaːs]

72. Produção. Trabalhos

usina (f)	gyár	[ɟaːr]
fábrica (f)	üzem	[yzɛm]
oficina (f)	műhely	[myːhɛj]
local (m) de produção	üzem	[yzɛm]

indústria (f)	ipar	[ipɒr]
industrial (adj)	ipari	[ipɒri]
indústria (f) pesada	nehézipar	[nɛheːzipɒr]
indústria (f) ligeira	könnyűipar	[kønɲyːipɒr]

produção (f)	termék	[tɛrmeːk]
produzir (vt)	termel	[tɛrmɛl]
matérias-primas (f pl)	nyersanyag	[ɲɛrʃɒɲɒg]

chefe (m) de obras	előmunkás	[ɛløːmuŋkaːʃ]
equipe (f)	brigád	[brigaːd]
operário (m)	munkás	[muŋkaːʃ]

dia (m) de trabalho	munkanap	[muŋkɒnɒp]
intervalo (m)	szünet	[synɛt]
reunião (f)	gyűlés	[ɟyːleːʃ]
discutir (vt)	megbeszél	[mɛgbɛseːl]

plano (m)	terv	[tɛrv]
cumprir o plano	tervet teljesít	[tɛrvɛt tɛjɛʃiːt]
taxa (f) de produção	norma	[normɒ]
qualidade (f)	minőség	[minøːʃeːg]
controle (m)	ellenőrzés	[ɛllɛnøːrzeːʃ]
controle (m) da qualidade	minőség ellenőrzése	[minøːʃeːg ɛllɛnøːrzeːʃɛ]

segurança (f) no trabalho	munkabiztonság	[muŋkɒbistonʃaːg]
disciplina (f)	fegyelem	[fɛɟɛlɛm]
infração (f)	megsértés	[mɛgʃeːrteːʃ]
violar (as regras)	megsért	[mɛgʃeːrt]
greve (f)	sztrájk	[straːjk]
grevista (m)	sztrájkoló	[straːjkoloː]

estar em greve	sztrájkol	[stra:jkol]
sindicato (m)	szakszervezet	[sɒksɛrvɛzɛt]
inventar (vt)	feltalál	[fɛltɒla:l]
invenção (f)	feltalálás	[fɛltɒla:la:ʃ]
pesquisa (f)	kutatás	[kutɒta:ʃ]
melhorar (vt)	megjavít	[mɛgjɒvi:t]
tecnologia (f)	technológia	[tɛhnolo:giɒ]
desenho (m) técnico	tervrajz	[tɛrvrɒjz]
carga (f)	teher	[tɛhɛr]
carregador (m)	rakodómunkás	[rɒkodo:muŋka:ʃ]
carregar (o caminhão, etc.)	megrak	[mɛgrɒk]
carregamento (m)	berakás	[bɛrɒka:ʃ]
descarregar (vt)	kirak	[kirɒk]
descarga (f)	kirakás	[kirɒka:ʃ]
transporte (m)	közlekedés	[køzlɛkɛde:ʃ]
companhia (f) de transporte	szállítócég	[sa:lli:to:tse:g]
transportar (vt)	szállít	[sa:lli:t]
vagão (m) de carga	tehervagon	[tɛhɛrvɒgon]
tanque (m)	ciszterna	[tsistɛrnɒ]
caminhão (m)	kamion	[kɒmion]
máquina (f) operatriz	szerszámgép	[sɛrsa:mge:p]
mecanismo (m)	szerkezet	[sɛrkɛzɛt]
resíduos (m pl) industriais	hulladék	[hullɒde:k]
embalagem (f)	csomagolás	[ʧomɒgola:ʃ]
embalar (vt)	csomagol	[ʧomɒgol]

73. Contrato. Acordo

contrato (m)	szerződés	[sɛrzø:de:ʃ]
acordo (m)	megállapodás	[mɛga:llɒpoda:ʃ]
adendo, anexo (m)	melléklet	[mɛlle:klɛt]
assinar o contrato	szerződést köt	[sɛrzø:de:ʃt køt]
assinatura (f)	aláírás	[ɒla:i:ra:ʃ]
assinar (vt)	aláír	[ɒla:i:r]
carimbo (m)	pecsét	[pɛʧe:t]
objeto (m) do contrato	szerződés tárgya	[sɛrzø:de:ʃ ta:rɟo]
cláusula (f)	tétel	[te:tɛl]
partes (f pl)	felek	[fɛlɛk]
domicílio (m) legal	bejegyzett cím	[bɛjɛɟɛzɛtt tsi:m]
violar o contrato	szerződést szeg	[sɛrzø:de:ʃt sɛg]
obrigação (f)	kötelezettség	[køtɛlɛzɛtʧe:g]
responsabilidade (f)	felelősség	[fɛlɛlø:ʃe:g]
força (f) maior	vis maior	[vis mɒjor]
litígio (m), disputa (f)	vita	[vitɒ]
multas (f pl)	büntető szankciók	[byntɛtø: sɒŋktsio:k]

74. Importação & Exportação

importação (f)	import	[import]
importador (m)	importőr	[importø:r]
importar (vt)	importál	[importa:l]
de importação	import	[import]
exportador (m)	exportőr	[εskportø:r]
exportar (vt)	exportál	[εksporta:l]
mercadoria (f)	áru	[a:ru]
lote (de mercadorias)	szállítmány	[sa:lli:tma:ɲ]
peso (m)	súly	[ʃu:j]
volume (m)	űrtartalom	[y:rtɒrtɒlom]
metro (m) cúbico	köbméter	[købme:tɛr]
produtor (m)	gyártó	[ɟa:rto:]
companhia (f) de transporte	szállítócég	[sa:lli:to:tse:g]
contêiner (m)	konténer	[konte:nɛr]
fronteira (f)	határ	[hɒta:r]
alfândega (f)	vám	[va:m]
taxa (f) alfandegária	vám	[va:m]
funcionário (m) da alfândega	vámos	[va:moʃ]
contrabando (atividade)	csempészés	[ʧɛmpe:se:ʃ]
contrabando (produtos)	csempészáru	[ʧɛmpe:sa:ru]

75. Finanças

ação (f)	részvény	[re:sve:ɲ]
obrigação (f)	adóslevél	[ɒdo:ʃlɛve:l]
nota (f) promissória	váltó	[va:lto:]
bolsa (f) de valores	tőzsde	[tø:ʒdɛ]
cotação (m) das ações	tőzsdei árfolyam	[tø:ʒdɛi a:rfojɒm]
tornar-se mais barato	olcsóbb lesz	[olʧo:bb lɛs]
tornar-se mais caro	drágul	[dra:gul]
participação (f) majoritária	többségi részesedést	[tøpʃe:gi re:sɛʃɛde:ʃt]
investimento (m)	beruházás	[bɛruha:za:ʃ]
investir (vt)	beruház	[bɛruha:z]
porcentagem (f)	százalék	[sa:zɒle:k]
juros (m pl)	kamat	[kɒmɒt]
lucro (m)	nyereség	[ɲɛrɛʃe:g]
lucrativo (adj)	hasznot hozó	[hɒsnot hozo:]
imposto (m)	adó	[ɒdo:]
divisa (f)	valuta	[vɒlutɒ]
nacional (adj)	nemzeti	[nɛmzɛti]
câmbio (m)	váltás	[va:lta:ʃ]

| contador (m) | könyvelő | [køɲvɛlø:] |
| contabilidade (f) | könyvelés | [køɲvɛle:ʃ] |

falência (f)	csőd	[ʧø:d]
falência, quebra (f)	csőd	[ʧø:d]
ruína (f)	tönkremenés	[tøŋkrɛmɛne:ʃ]
estar quebrado	tönkremegy	[tøŋkrɛmɛj]
inflação (f)	infláció	[infla:tsio:]
desvalorização (f)	értékcsökkentés	[e:rte:kʧøkkɛnte:ʃ]

capital (m)	tőke	[tø:kɛ]
rendimento (m)	bevétel	[bɛve:tɛl]
volume (m) de negócios	forgalom	[forgɒlom]
recursos (m pl)	tartalékok	[tɒrtɒle:kok]
recursos (m pl) financeiros	pénzeszközök	[pe:ns ɛskøzøk]
reduzir (vt)	csökkent	[ʧøkkɛnt]

76. Marketing

marketing (m)	marketing	[mɒrkɛtiŋg]
mercado (m)	piac	[piɒts]
segmento (m) do mercado	piacrész	[piɒtsre:s]
produto (m)	termék	[tɛrme:k]
mercadoria (f)	áru	[a:ru]

marca (f)	márkanév	[ma:rkɒne:v]
logotipo (m)	logó	[logo:]
logo (m)	logó	[logo:]

demanda (f)	kereslet	[kɛrɛʃlɛt]
oferta (f)	kínálat	[ki:na:lɒt]
necessidade (f)	igény	[ige:ɲ]
consumidor (m)	fogyasztó	[foɟosto:]

análise (f)	elemzés	[ɛlɛmze:ʃ]
analisar (vt)	elemez	[ɛlɛmɛz]
posicionamento (m)	pozicionálás	[pozitsiona:la:ʃ]
posicionar (vt)	pozicionál	[pozitsiona:l]

preço (m)	ár	[a:r]
política (f) de preços	árpolitika	[a:rpolitikɒ]
formação (f) de preços	árképzés	[a:rke:pze:ʃ]

77. Publicidade

publicidade (f)	reklám	[rɛkla:m]
fazer publicidade	reklámoz	[rɛkla:moz]
orçamento (m)	költségvetés	[køltʃe:gvɛte:ʃ]

anúncio (m)	reklám	[rɛkla:m]
publicidade (f) na TV	tévéreklám	[te:ve: rɛkla:m]
publicidade (f) na rádio	rádióreklám	[ra:dio:rɛkla:m]

publicidade (f) exterior	külső reklám	[kylʃø: rɛkla:m]
comunicação (f) de massa	tömegtájékoztatási eszközök	[tømɛgta:je:koztɒta:ʃi ɛskøzøk]
periódico (m)	folyóirat	[fojo:jrɒt]
imagem (f)	imázs	[ima:ʒ]
slogan (m)	jelszó	[jɛlso:]
mote (m), lema (f)	jelmondat	[jɛlmondɒt]
campanha (f)	kampány	[kɒmpa:ɲ]
campanha (f) publicitária	reklámkampány	[rɛkla:m kɒmpa:ɲ]
grupo (m) alvo	célcsoport	[tse:ltʃoport]
cartão (m) de visita	névjegy	[ne:vjɛɟ]
panfleto (m)	röplap	[røplɒp]
brochura (f)	brosúra	[broʃu:rɒ]
folheto (m)	brosúra	[broʃu:rɒ]
boletim (~ informativo)	közlöny	[køzløɲ]
letreiro (m)	cégtábla	[tse:gta:blɒ]
cartaz, pôster (m)	plakát	[plɒka:t]
painel (m) publicitário	hirdetőtábla	[hirdɛtø:ta:blɒ]

78. Banca

banco (m)	bank	[bɒŋk]
balcão (f)	fiók	[fio:k]
consultor (m) bancário	tanácsadó	[tɒna:tʃodo:]
gerente (m)	vezető	[vɛzɛtø:]
conta (f)	számla	[sa:mlɒ]
número (m) da conta	számlaszám	[sa:mlɒsa:m]
conta (f) corrente	folyószámla	[fojo:sa:mlɒ]
conta (f) poupança	megtakarítási számla	[mɛgtɒkɒrita:ʃi sa:mlɒ]
abrir uma conta	számlát nyit	[sa:mla:t nit]
fechar uma conta	zárolja a számlát	[za:rojɒ ɒ sa:mla:t]
depositar na conta	számlára tesz	[sa:mla:rɒ tɛs]
sacar (vt)	számláról lehív	[sa:mla:ro:l lɛhi:v]
depósito (m)	betét	[bɛte:t]
fazer um depósito	pénzt betesz	[pe:nst bɛtɛs]
transferência (f) bancária	átutalás	[a:tutɒla:ʃ]
transferir (vt)	pénzt átutal	[pe:nst a:tutɒl]
soma (f)	összeg	[øssɛg]
Quanto?	Mennyi?	[mɛɲɲi]
assinatura (f)	aláírás	[ɒla:i:ra:ʃ]
assinar (vt)	aláír	[ɒla:i:r]
cartão (m) de crédito	hitelkártya	[hitɛlka:rcɒ]
senha (f)	kód	[ko:d]

| número (m) do cartão de crédito | hitelkártya száma | [hitɛlka:rcɒ sa:mɒ] |
| caixa (m) eletrônico | bankautomata | [bɒŋk ɒutomɒtɒ] |

cheque (m)	csekk	[ʧɛkk]
passar um cheque	kiállítja a csekket	[kia:lli:cɒ ɒ ʧɛkkɛt]
talão (m) de cheques	csekkkönyv	[ʧɛkkkøɲv]

empréstimo (m)	hitel	[hitɛl]
pedir um empréstimo	hitelért fordul	[hitɛle:rt fordul]
obter empréstimo	hitelt felvesz	[hitɛlt fɛlvɛs]
dar um empréstimo	hitelt nyújt	[hitɛlt nju:jt]
garantia (f)	biztosíték	[bistoʃi:te:k]

79. Telefone. Conversação telefônica

telefone (m)	telefon	[tɛlɛfon]
celular (m)	mobiltelefon	[mobiltɛlɛfon]
secretária (f) eletrônica	üzenetrögzítő	[yzɛnɛt røgzi:tø:]

| fazer uma chamada | felhív | [fɛlhi:v] |
| chamada (f) | felhívás | [fɛlhi:va:ʃ] |

discar um número	telefonszámot tárcsáz	[tɛlɛfonsa:mot ta:rʧa:z]
Alô!	Halló!	[hɒllo:]
perguntar (vt)	kérdez	[ke:rdɛz]
responder (vt)	válaszol	[va:lɒsol]

ouvir (vt)	hall	[hɒll]
bem	jól	[jo:l]
mal	rosszul	[rossul]
ruído (m)	zavar	[zɒvɒr]

fone (m)	kagyló	[kɒɟlo:]
pegar o telefone	kagylót felvesz	[kɒɟlo:t fɛlvɛs]
desligar (vi)	kagylót letesz	[kɒɟlo:t lɛtɛs]

ocupado (adj)	foglalt	[foglɒlt]
tocar (vi)	csörög	[ʧørøg]
lista (f) telefônica	telefonkönyv	[tɛlɛfoŋkøɲv]

local (adj)	helyi	[hɛji]
de longa distância	interurbán	[intɛrurba:n]
internacional (adj)	nemzetközi	[nɛmzɛtkøzi]

80. Telefone móvel

celular (m)	mobiltelefon	[mobiltɛlɛfon]
tela (f)	kijelző	[kijɛlzø:]
botão (m)	gomb	[gomb]
cartão SIM (m)	SIM kártya	[sim ka:rcɒ]
bateria (f)	akkumulátor	[ɒkkumula:tor]

descarregar-se (vr)	kisül	[kiʃyl]
carregador (m)	telefontöltő	[tɛlɛfon tøltø:]

menu (m)	menü	[mɛny]
configurações (f pl)	beállítások	[bɛa:lli:ta:ʃok]
melodia (f)	dallam	[dɒllɒm]
escolher (vt)	választ	[va:lɒst]

calculadora (f)	kalkulátor	[kɒlkula:tor]
correio (m) de voz	üzenetrögzítő	[yzɛnɛt røgzi:tø:]
despertador (m)	ébresztőóra	[e:brɛstø:o:rɒ]
contatos (m pl)	telefonkönyv	[tɛlɛfoŋkøɲv]

mensagem (f) de texto	SMS	[ɛʃɛmɛʃ]
assinante (m)	előfizető	[ɛlø:fizɛtø:]

81. Estacionário

caneta (f)	golyóstoll	[gojo:ʃtoll]
caneta (f) tinteiro	töltőtoll	[tøltø:toll]

lápis (m)	ceruza	[tsɛruzɒ]
marcador (m) de texto	filctoll	[filtstoll]
caneta (f) hidrográfica	filctoll	[filtstoll]

bloco (m) de notas	notesz	[notɛs]
agenda (f)	határidőnapló	[hɒta:ridø:nɒplo:]

régua (f)	vonalzó	[vonɒlzo:]
calculadora (f)	kalkulátor	[kɒlkula:tor]
borracha (f)	radír	[rɒdi:r]
alfinete (m)	rajzszeg	[rɒjzsɛg]
clipe (m)	gémkapocs	[ge:mkɒpotʃ]

cola (f)	ragasztó	[rɒgɒsto:]
grampeador (m)	tűzőgép	[ty:zø:ge:p]
furador (m) de papel	lyukasztó	[jukɒsto:]
apontador (m)	ceruzahegyező	[tsɛruzɒhɛɟɛzø:]

82. Tipos de negócios

serviços (m pl) de contabilidade	könyvelési szolgáltatások	[køɲvɛle:ʃi solga:ltɒta:ʃok]
publicidade (f)	reklám	[rɛkla:m]
agência (f) de publicidade	reklámiroda	[rɛkla:m irodɒ]
ar (m) condicionado	légkondicionálók	[le:gkonditsiona:lo:k]
companhia (f) aérea	légitársaság	[le:gi ta:rʃɒʃa:g]

bebidas (f pl) alcoólicas	szeszesitalok	[sɛsɛʃ itɒlok]
comércio (m) de antiguidades	régiségkereskedés	[re:giʃe:gkɛrɛʃkɛde:ʃ]
galeria (f) de arte	galéria	[gɒle:riɒ]
serviços (m pl) de auditoria	számlaellenőrzés	[sa:mlɒɛllɛnø:rze:ʃ]

negócios (m pl) bancários	banküzlet	[bɒŋkyzlɛt]
bar (m)	bár	[ba:r]
salão (m) de beleza	szépségszalon	[se:pʃe:gsɒlon]
livraria (f)	könyvesbolt	[kønvɛʃbolt]
cervejaria (f)	sörfőzde	[ʃørfø:zdɛ]
centro (m) de escritórios	üzletközpont	[yzlɛtkøspont]
escola (f) de negócios	üzleti iskola	[yzlɛti iʃkolɒ]
cassino (m)	kaszinó	[kɒsino:]
construção (f)	építés	[e:pi:te:ʃ]
consultoria (f)	tanácsadás	[tɒna:tʃɒda:ʃ]
clínica (f) dentária	fogászat	[foga:sɒt]
design (m)	dizájn	[diza:jn]
drogaria (f)	gyógyszertár	[ɟø:ɟsɛrta:r]
lavanderia (f)	vegytisztítás	[vɛɟtisti:ta:ʃ]
agência (f) de emprego	munkaközvetítő	[muŋkɒkøzvɛti:tø:]
serviços (m pl) financeiros	pénzügyi szolgáltatások	[pe:nzyɟi solga:ltɒta:ʃok]
alimentos (m pl)	élelmiszer	[e:lɛlmisɛr]
funerária (f)	temetkezési vállalat	[tɛmɛtkɛze:ʃi va:llɒlɒt]
mobiliário (m)	bútor	[bu:tor]
roupa (f)	ruha	[ruhɒ]
hotel (m)	szálloda	[sa:llodɒ]
sorvete (m)	fagylalt	[fɒɟlɒlt]
indústria (f)	ipar	[ipɒr]
seguro (~ de vida, etc.)	biztosítás	[biztoʃi:ta:ʃ]
internet (f)	internet	[intɛrnɛt]
investimento (m)	beruházás	[bɛruha:za:ʃ]
joalheiro (m)	ékszerész	[e:ksɛre:s]
joias (f pl)	ékszerek	[e:ksɛrɛk]
lavanderia (f)	mosoda	[moʃodɒ]
assessorias (f pl) jurídicas	jogi tanácsadás	[jogi tɒna:tʃɒda:ʃ]
indústria (f) ligeira	könnyűipar	[kønɲy:ipɒr]
revista (f)	folyóirat	[fojo:jrɒt]
vendas (f pl) por catálogo	csomagküldőkereskedelem	[tʃomɒgkyldø:kɛrɛʃkɛdɛlɛm]
medicina (f)	orvostudomány	[orvoʃtudoma:ɲ]
cinema (m)	mozi	[mozi]
museu (m)	múzeum	[mu:zɛum]
agência (f) de notícias	tájékoztató iroda	[ta:je:koztɒto: irodɒ]
jornal (m)	újság	[u:jʃa:g]
boate (casa noturna)	éjjeli klub	[e:jjɛli klub]
petróleo (m)	nyersolaj	[ɲɛrʃolɒj]
serviços (m pl) de remessa	futárszolgálatok	[futa:r solga:lɒtok]
indústria (f) farmacêutica	gyógyszerészet	[ɟø:ɟsɛre:sɛt]
tipografia (f)	nyomdaipar	[ɲomdɒ ipɒr]
editora (f)	kiadó	[kiɒdo:]
rádio (m)	rádió	[ra:dio:]
imobiliário (m)	ingatlan	[iŋgɒtlɒn]
restaurante (m)	étterem	[e:ttɛrɛm]

empresa (f) de segurança	őrszolgálat	[ø:rsolga:lɒt]
esporte (m)	sport	[ʃport]
bolsa (f) de valores	tőzsde	[tø:ʒdɛ]
loja (f)	bolt	[bolt]
supermercado (m)	szupermarket	[supɛrmɒrkɛt]
piscina (f)	uszoda	[usodɒ]

alfaiataria (f)	szalon	[sɒlon]
televisão (f)	televízió	[tɛlɛvi:zio:]
teatro (m)	színház	[si:nha:z]
comércio (m)	kereskedelem	[kɛrɛʃkɛdɛlɛm]
serviços (m pl) de transporte	fuvarozás	[fuvɒroza:ʃ]
viagens (f pl)	turizmus	[turizmuʃ]

veterinário (m)	állatorvos	[a:llɒt orvoʃ]
armazém (m)	raktár	[rɒkta:r]
recolha (f) do lixo	szemét elszállítása	[sɛme:t ɛlsa:lli:ta:ʃɒ]

Emprego. Negócios. Parte 2

83. Espetáculo. Feira

feira, exposição (f)	kiállítás	[kia:lli:ta:ʃ]
feira (f) comercial	kereskedelmi kiállítás	[kɛrɛʃkɛdɛlmi kia:lli:ta:ʃ]
participação (f)	részvétel	[re:sve:tɛl]
participar (vi)	részt vesz	[re:st vɛs]
participante (m)	résztvevő	[re:stvɛvø:]
diretor (m)	igazgató	[igɒzgɒto:]
direção (f)	igazgatóság	[igɒzgɒto:ʃa:g]
organizador (m)	szervező	[sɛrvɛzø:]
organizar (vt)	szervez	[sɛrvɛz]
ficha (f) de inscrição	részvételi jelentkezés	[re:sve:tɛli jɛlɛntkɛze:ʃ]
preencher (vt)	kitölt	[kitølt]
detalhes (m pl)	részletek	[re:slɛtɛk]
informação (f)	információ	[informa:tsio:]
preço (m)	ár	[a:r]
incluindo	beleértve	[bɛlɛje:rtvɛ]
incluir (vt)	magába foglal	[mɒga:bɒ foglɒl]
pagar (vt)	fizet	[fizɛt]
taxa (f) de inscrição	regisztrációs díj	[rɛgistra:tsio:ʃ di:j]
entrada (f)	bejárat	[bɛja:rɒt]
pavilhão (m), salão (f)	csarnok	[ʧɒrnok]
inscrever (vt)	regisztrál	[rɛgistra:l]
crachá (m)	jelvény	[jɛlve:ɲ]
stand (m)	kiállítási állvány	[kia:lli:ta:ʃi a:llva:ɲ]
reservar (vt)	foglal	[foglɒl]
vitrine (f)	kirakat	[kirɒkɒt]
lâmpada (f)	fényvető	[fe:ɲvɛtø:]
design (m)	dizájn	[diza:jn]
pôr (posicionar)	elhelyez	[ɛlhɛjɛz]
distribuidor (m)	terjesztő	[tɛrjɛstø:]
fornecedor (m)	szállító	[sa:lli:to:]
país (m)	ország	[orsa:g]
estrangeiro (adj)	idegen	[idɛgɛn]
produto (m)	termék	[tɛrme:k]
associação (f)	egyesület	[ɛɟɛʃylɛt]
sala (f) de conferência	ülésterem	[yle:ʃ tɛrɛm]
congresso (m)	kongresszus	[koŋgrɛssuʃ]

concurso (m)	pályázat	[pa:ja:zɒt]
visitante (m)	látogató	[la:togɒto:]
visitar (vt)	látogat	[la:togɒt]
cliente (m)	megrendelő	[mɛgrɛndɛløː]

84. Ciência. Investigação. Cientistas

ciência (f)	tudomány	[tudoma:ɲ]
científico (adj)	tudományos	[tudoma:nøʃ]
cientista (m)	tudós	[tudo:ʃ]
teoria (f)	elmélet	[ɛlme:lɛt]

axioma (m)	axióma	[ɒksio:mɒ]
análise (f)	elemzés	[ɛlɛmze:ʃ]
analisar (vt)	elemez	[ɛlɛmɛz]
argumento (m)	érv	[e:rv]
substância (f)	anyag	[ɒɲɒg]

hipótese (f)	hipotézis	[hipote:ziʃ]
dilema (m)	dilemma	[dilɛmmɒ]
tese (f)	disszertáció	[dissɛrta:tsio:]
dogma (m)	dogma	[dogmɒ]

doutrina (f)	tan	[tɒn]
pesquisa (f)	kutatás	[kutɒta:ʃ]
pesquisar (vt)	kutat	[kutɒt]
testes (m pl)	ellenőrzés	[ɛllɛnøːrze:ʃ]
laboratório (m)	laboratórium	[lɒborɒto:rium]

método (m)	módszer	[mo:dsɛr]
molécula (f)	molekula	[molɛkulɒ]
monitoramento (m)	ellenőrzés	[ɛllɛnøːrze:ʃ]
descoberta (f)	felfedezés	[fɛlfɛdɛze:ʃ]

postulado (m)	posztulátum	[postula:tum]
princípio (m)	elv	[ɛlv]
prognóstico (previsão)	prognózis	[progno:ziʃ]
prognosticar (vt)	prognózist készít	[progno:ziʃt ke:si:t]

síntese (f)	szintézis	[sinte:ziʃ]
tendência (f)	tendencia	[tɛndɛntsiɒ]
teorema (m)	tétel	[te:tɛl]

ensinamentos (m pl)	tanítás	[tɒni:ta:ʃ]
fato (m)	tény	[te:ɲ]
expedição (f)	kutatóút	[kutɒto:u:t]
experiência (f)	kísérlet	[ki:ʃe:rlɛt]

acadêmico (m)	akadémikus	[ɒkɒde:mikuʃ]
bacharel (m)	baccalaureatus	[bɒkkɒlɒurɛa:tuʃ]
doutor (m)	doktor	[doktor]
professor (m) associado	docens	[dotsɛnʃ]
mestrado (m)	magiszter	[magistɛr]
professor (m)	professzor	[profɛssor]

Profissões e ocupações

85. Procura de emprego. Demissão

trabalho (m)	munkahely	[muŋkɔhɛj]
equipe (f)	személyzet	[sɛmeːjzɛt]
carreira (f)	karrier	[kɔrriɛr]
perspectivas (f pl)	távlat	[taːvlɒt]
habilidades (f pl)	képesség	[keːpɛʃeːg]
seleção (f)	kiválasztás	[kivaːlɒstaːʃ]
agência (f) de emprego	munkaközvetítő	[muŋkɔkøzvɛtiːtø:]
currículo (m)	rezümé	[rɛzymeː]
entrevista (f) de emprego	felvételi interjú	[fɛlveːtɛli intɛrjuː]
vaga (f)	betöltetlen állás	[bɛtøltɛtlɛn aːllaːʃ]
salário (m)	fizetés	[fizɛteːʃ]
salário (m) fixo	bér	[beːr]
pagamento (m)	fizetés	[fizɛteːʃ]
cargo (m)	állás	[aːllaːʃ]
dever (do empregado)	kötelezettség	[køtɛlɛzɛttʃeːg]
gama (f) de deveres	munkakör	[muŋkɔkør]
ocupado (adj)	foglalt	[foglɒlt]
despedir, demitir (vt)	elbocsát	[ɛlbotʃaːt]
demissão (f)	elbocsátás	[ɛlbotʃaːtaːʃ]
desemprego (m)	munkanélküliség	[muŋkɔneːlkyliʃeːg]
desempregado (m)	munkanélküli	[muŋkɔneːlkyli]
aposentadoria (f)	nyugdíj	[ɲugdiːj]
aposentar-se (vr)	nyugdíjba megy	[ɲugdiːjbɒ mɛɟ]

86. Gente de negócios

diretor (m)	igazgató	[igɒzgɒtoː]
gerente (m)	vezető	[vɛzɛtø:]
patrão, chefe (m)	főnök	[føːnøk]
superior (m)	főnök	[føːnøk]
superiores (m pl)	vezetőség	[vɛzɛtøːʃeːg]
presidente (m)	elnök	[ɛlnøk]
chairman (m)	elnök	[ɛlnøk]
substituto (m)	helyettes	[hɛjɛttɛʃ]
assistente (m)	segéd	[ʃege:d]
secretário (m)	titkár	[titkaːr]

secretário (m) pessoal	személyes titkár	[sɛme:jɛʃ titka:r]
homem (m) de negócios	üzletember	[yzlɛtɛmbɛr]
empreendedor (m)	vállakozó	[va:llɒlkozo:]
fundador (m)	alapító	[ɒlɒpi:to:]
fundar (vt)	alapít	[ɒlɒpi:t]

principiador (m)	alapító	[ɒlɒpi:to:]
parceiro, sócio (m)	partner	[pɒrtnɛr]
acionista (m)	részvényes	[re:sve:nɛʃ]

milionário (m)	milliomos	[milliomoʃ]
bilionário (m)	milliárdos	[millia:rdoʃ]
proprietário (m)	tulajdonos	[tulɒjdonoʃ]
proprietário (m) de terras	földbirtokos	[føldbirtokoʃ]

cliente (m)	ügyfél	[yɟfe:l]
cliente (m) habitual	törzsügyfél	[tørʒ yɟfe:l]
comprador (m)	vevő	[vɛvø:]
visitante (m)	látogató	[la:togɒto:]

profissional (m)	szakember	[sɒkɛmbɛr]
perito (m)	szakértő	[sɒke:rtø:]
especialista (m)	specialista	[spɛtsialista]

| banqueiro (m) | bankár | [bɒŋka:r] |
| corretor (m) | ügynök | [yɟnøk] |

caixa (m, f)	pénztáros	[pe:nsta:roʃ]
contador (m)	könyvelő	[køɲvɛlø:]
guarda (m)	biztonsági őr	[bistonʃa:gi ø:r]

investidor (m)	befektető	[bɛfɛktɛtø:]
devedor (m)	adós	[ɒdo:ʃ]
credor (m)	hitelező	[hitɛlɛzø:]
mutuário (m)	kölcsönvevő	[køltʃønvɛvø:]

| importador (m) | importőr | [importø:r] |
| exportador (m) | exportőr | [ɛskportø:r] |

produtor (m)	gyártó	[ɟa:rto:]
distribuidor (m)	terjesztő	[tɛrjɛstø:]
intermediário (m)	közvetítő	[køzvɛti:tø:]

consultor (m)	tanácsadó	[tɒna:tʃɒdo:]
representante comercial	képviselő	[ke:pviʃɛlø:]
agente (m)	ügynök	[yɟnøk]
agente (m) de seguros	biztosítási ügynök	[bistoʃi:ta:ʃi yɟnøk]

87. Profissões de serviços

cozinheiro (m)	szakács	[sɒka:tʃ]
chefe (m) de cozinha	főszakács	[fø:sɒka:tʃ]
padeiro (m)	pék	[pe:k]
barman (m)	bármixer	[ba:rmiksɛr]

| garçom (m) | pincér | [pintse:r] |
| garçonete (f) | pincérnő | [pintse:rnø:] |

advogado (m)	ügyvéd	[yɟve:d]
jurista (m)	jogász	[joga:s]
notário (m)	közjegyző	[køzjɛɟzø:]

eletricista (m)	villanyszerelő	[villɒɲsɛrɛlø:]
encanador (m)	vízvezetékszerelő	[vi:zvɛzɛte:ksɛrɛlø:]
carpinteiro (m)	ács	[a:ʧ]

massagista (m)	masszírozó	[mɒssi:rozo:]
massagista (f)	masszírozónő	[mɒssi:rozo:nø:]
médico (m)	orvos	[orvoʃ]

taxista (m)	taxis	[tɒksiʃ]
condutor (automobilista)	sofőr	[ʃofø:r]
entregador (m)	küldönc	[kyldønts]

camareira (f)	szobalány	[sobɒla:ɲ]
guarda (m)	biztonsági őr	[bistonʃa:gi ø:r]
aeromoça (f)	légikisasszony	[le:gikiʃɒssoɲ]

professor (m)	tanár	[tɒna:r]
bibliotecário (m)	könyvtáros	[køɲvta:roʃ]
tradutor (m)	fordító	[fordi:to:]
intérprete (m)	tolmács	[tolma:ʧ]
guia (m)	idegenvezető	[idɛgɛn vɛzɛtø:]

cabeleireiro (m)	fodrász	[fodra:s]
carteiro (m)	postás	[poʃta:ʃ]
vendedor (m)	eladó	[ɛlɒdo:]

jardineiro (m)	kertész	[kɛrte:s]
criado (m)	szolga	[solgɒ]
criada (f)	szolgálóleány	[solga:lo: lɛa:ɲ]
empregada (f) de limpeza	takarítónő	[tɒkɒri:to:nø:]

88. Profissões militares e postos

soldado (m) raso	közlegény	[køzlɛge:ɲ]
sargento (m)	szakaszvezető	[sɒkɒsvɛzɛtø:]
tenente (m)	hadnagy	[hɒdnɒɟ]
capitão (m)	százados	[sa:zɒdoʃ]

major (m)	őrnagy	[ø:rnɒɟ]
coronel (m)	ezredes	[ɛzrɛdɛʃ]
general (m)	tábornok	[ta:bornok]
marechal (m)	tábornagy	[ta:bornɒɟ]
almirante (m)	tengernagy	[tɛŋgɛrnɒɟ]

militar (m)	katona	[kɒtonɒ]
soldado (m)	katona	[kɒtonɒ]
oficial (m)	tiszt	[tist]

comandante (m)	parancsnok	[pɒrɒntʃnok]
guarda (m) de fronteira	határőr	[hɒta:rø:r]
operador (m) de rádio	rádiós	[ra:dio:ʃ]
explorador (m)	felderítő	[fɛldɛri:tø:]
sapador-mineiro (m)	árkász	[a:rka:s]
atirador (m)	lövész	[løve:s]
navegador (m)	kormányos	[korma:nøʃ]

89. Oficiais. Padres

| rei (m) | király | [kira:j] |
| rainha (f) | királynő | [kira:jnø:] |

| príncipe (m) | herceg | [hɛrtsɛg] |
| princesa (f) | hercegnő | [hɛrtsɛgnø:] |

| czar (m) | cár | [tsa:r] |
| czarina (f) | cárné | [tsa:rne:] |

presidente (m)	elnök	[ɛlnøk]
ministro (m)	miniszter	[ministɛr]
primeiro-ministro (m)	miniszterelnök	[ministɛrɛlnøk]
senador (m)	szenátor	[sɛna:tor]

diplomata (m)	diplomata	[diplomɒtɒ]
cônsul (m)	konzul	[konzul]
embaixador (m)	nagykövet	[nɒckøvɛt]
conselheiro (m)	tanácsadó	[tɒna:tʃɒdo:]

funcionário (m)	hivatalnok	[hivɒtɒlnok]
prefeito (m)	polgármester	[polga:rmɛʃtɛr]
Presidente (m) da Câmara	polgármester	[polga:rmɛʃtɛr]

| juiz (m) | bíró | [bi:ro:] |
| procurador (m) | államügyész | [a:llɒmyɟe:s] |

missionário (m)	hittérítő	[hitte:ri:tø:]
monge (m)	barát	[bɒra:t]
abade (m)	apát	[ɒpa:t]
rabino (m)	rabbi	[rɒbbi]

vizir (m)	vezír	[vɛzi:r]
xá (m)	sah	[ʃɒh]
xeique (m)	sejk	[ʃɛjk]

90. Profissões agrícolas

abelheiro (m)	méhész	[me:he:s]
pastor (m)	pásztor	[pa:stor]
agrônomo (m)	agronómus	[ɒgrono:muʃ]
criador (m) de gado	állattenyésztő	[a:llɒt tɛne:stø:]
veterinário (m)	állatorvos	[a:llɒt orvoʃ]

agricultor, fazendeiro (m)	gazda	[gɒzdɒ]
vinicultor (m)	bortermelő	[bortɛrmɛløː]
zoólogo (m)	zoológus	[zooloːguʃ]
vaqueiro (m)	cowboy	[kovboj]

91. Profissões artísticas

| ator (m) | színész | [siːneːs] |
| atriz (f) | színésznő | [siːneːsnøː] |

| cantor (m) | énekes | [eːnɛkɛʃ] |
| cantora (f) | énekesnő | [eːnɛkɛʃnøː] |

| bailarino (m) | táncos | [taːntsoʃ] |
| bailarina (f) | táncos nő | [taːntsoʃ nøː] |

| artista (m) | művész | [myːveːs] |
| artista (f) | művésznő | [myːveːsnøː] |

músico (m)	zenész	[zɛneːs]
pianista (m)	zongoraművész	[zoŋgorɒmyːveːs]
guitarrista (m)	gitáros	[gitaːroʃ]

maestro (m)	karmester	[kɒrmɛʃtɛr]
compositor (m)	zeneszerző	[zɛnɛsɛrzøː]
empresário (m)	impresszárió	[imprɛssaːrioː]

diretor (m) de cinema	rendező	[rɛndɛzøː]
produtor (m)	producer	[produsɛr]
roteirista (m)	forgatókönyvíró	[forgɒtoːkøɲviːroː]
crítico (m)	kritikus	[kritikuʃ]

escritor (m)	író	[iːroː]
poeta (m)	költő	[køltøː]
escultor (m)	szobrász	[sobraːs]
pintor (m)	festő	[fɛʃtøː]

malabarista (m)	zsonglőr	[ʒoŋgløːr]
palhaço (m)	bohóc	[bohoːts]
acrobata (m)	akrobata	[ɒkrobɒtɒ]
ilusionista (m)	bűvész	[byːveːs]

92. Várias profissões

médico (m)	orvos	[orvoʃ]
enfermeira (f)	nővér	[nøːveːr]
psiquiatra (m)	elmeorvos	[ɛlmɛorvoʃ]
dentista (m)	fogorvos	[fogorvoʃ]
cirurgião (m)	sebész	[ʃɛbeːs]

| astronauta (m) | űrhajós | [yːrhɒjoːʃ] |
| astrônomo (m) | csillagász | [tʃillɒgaːs] |

piloto (m)	pilóta	[pilo:tɒ]
motorista (m)	sofőr	[ʃoføːr]
maquinista (m)	vezető	[vɛzɛtø:]
mecânico (m)	gépész	[ge:pe:s]

mineiro (m)	bányász	[ba:nja:s]
operário (m)	munkás	[muŋka:ʃ]
serralheiro (m)	lakatos	[lɒkɒtoʃ]
marceneiro (m)	asztalos	[ɒstɒloʃ]
torneiro (m)	esztergályos	[ɛstɛrga:joʃ]
construtor (m)	építő	[e:pi:tø:]
soldador (m)	hegesztő	[hɛgɛstø:]

professor (m)	professzor	[profɛssor]
arquiteto (m)	építész	[e:pi:te:s]
historiador (m)	történész	[tørte:ne:s]
cientista (m)	tudós	[tudo:ʃ]
físico (m)	fizikus	[fizikuʃ]
químico (m)	vegyész	[vɛɟe:s]

arqueólogo (m)	régész	[re:ge:s]
geólogo (m)	geológus	[gɛolo:guʃ]
pesquisador (cientista)	kutató	[kutɒto:]

| babysitter, babá (f) | dajka | [dɒjkɒ] |
| professor (m) | tanár | [tɒna:r] |

redator (m)	szerkesztő	[sɛrkɛstø:]
redator-chefe (m)	főszerkesztő	[fø:sɛrkɛstø:]
correspondente (m)	tudósító	[tudo:ʃi:to:]
datilógrafa (f)	gépírónő	[ge:pi:ro:nø:]

designer (m)	formatervező	[formɒtɛrvɛzø:]
especialista (m)	számítógép	[sa:mi:to:ge:p
em informática	specialista	ʃpɛtsia:liʃtɒ]
programador (m)	programozó	[progrɒmozo:]
engenheiro (m)	mérnök	[me:rnøk]

marujo (m)	tengerész	[tɛŋgɛre:s]
marinheiro (m)	tengerész	[tɛŋgɛre:s]
socorrista (m)	mentő	[mɛntø:]

bombeiro (m)	tűzoltó	[ty:zolto:]
polícia (m)	rendőr	[rɛndø:r]
guarda-noturno (m)	éjjeliőr	[e:jjɛliø:r]
detetive (m)	nyomozó	[ɲomozo:]

funcionário (m) da alfândega	vámos	[va:moʃ]
guarda-costas (m)	testőr	[tɛʃtø:r]
guarda (m) prisional	börtönőr	[børtønø:r]
inspetor (m)	felügyelő	[fɛlyɟɛlø:]

esportista (m)	sportoló	[ʃportolo:]
treinador (m)	edző	[ɛdzø:]
açougueiro (m)	hentes	[hɛntɛʃ]
sapateiro (m)	cipész	[tsipe:s]

| comerciante (m) | kereskedő | [kɛrɛʃkɛdø:] |
| carregador (m) | rakodómunkás | [rɒkodo:muŋka:ʃ] |

| estilista (m) | divattervező | [divɒt tɛrvɛzø:] |
| modelo (f) | modell | [modɛll] |

93. Ocupações. Estatuto social

| estudante (~ de escola) | diák | [dia:k] |
| estudante (~ universitária) | hallgató | [hɒllgɒto:] |

filósofo (m)	filozófus	[fɪlozo:fuʃ]
economista (m)	közgazdász	[køzgɒzda:ʃ]
inventor (m)	feltaláló	[fɛltɒla:lo:]

desempregado (m)	munkanélküli	[muŋkɒne:lkyli]
aposentado (m)	nyugdíjas	[ɲugdi:jɒʃ]
espião (m)	kém	[ke:m]

preso, prisioneiro (m)	fogoly	[fogoj]
grevista (m)	sztrájkoló	[stra:jkolo:]
burocrata (m)	bürokrata	[byrokrɒtɒ]
viajante (m)	utazó	[utɒzo:]

| homossexual (m) | homoszexuális | [homosɛksua:liʃ] |
| hacker (m) | hacker | [hɒkɛr] |

bandido (m)	bandita	[bɒnditɒ]
assassino (m)	bérgyilkos	[be:rɟilkoʃ]
drogado (m)	narkós	[nɒrko:ʃ]
traficante (m)	kábítószerkereskedő	[ka:bi:to:sɛrkɛrɛʃkɛdø]
prostituta (f)	prostituált	[proʃtitua:lt]
cafetão (m)	strici	[ʃtritsi]

bruxo (m)	varázsló	[vɒra:ʒlo:]
bruxa (f)	boszorkány	[bosorka:ɲ]
pirata (m)	kalóz	[kɒlo:z]
escravo (m)	rab	[rɒb]
samurai (m)	szamuráj	[sɒmura:j]
selvagem (m)	vadember	[vɒdɛmbɛr]

Educação

94. Escola

escola (f)	iskola	[iʃkolɒ]
diretor (m) de escola	iskolaigazgató	[iʃkolɒ igɒzgɒto:]
aluno (m)	diák	[dia:k]
aluna (f)	diáklány	[dia:kla:ɲ]
estudante (m)	diák	[dia:k]
estudante (f)	diáklány	[dia:kla:ɲ]
ensinar (vt)	tanít	[tɒni:t]
aprender (vt)	tanul	[tɒnul]
decorar (vt)	kívülről tanul	[ki:vylrø:l tɒnul]
estudar (vi)	tanul	[tɒnul]
estar na escola	tanul	[tɒnul]
ir à escola	iskolába jár	[iʃkola:bɒ ja:r]
alfabeto (m)	ábécé	[a:be:tse:]
disciplina (f)	tantárgy	[tɒnta:rɟ]
sala (f) de aula	tanterem	[tɒntɛrɛm]
lição, aula (f)	tanóra	[tɒno:rɒ]
recreio (m)	szünet	[synɛt]
toque (m)	csengő	[ʧɛŋgø:]
classe (f)	pad	[pɒd]
quadro (m) negro	tábla	[ta:blɒ]
nota (f)	jegy	[jɛɟ]
boa nota (f)	jó jegy	[jo: jɛɟ]
nota (f) baixa	rossz jegy	[ross jɛɟ]
dar uma nota	jegyet ad	[jɛɟɛt ɒd]
erro (m)	hiba	[hibɒ]
errar (vi)	hibázik	[hiba:zik]
corrigir (~ um erro)	javít	[jɒvi:t]
cola (f)	puska	[puʃkɒ]
dever (m) de casa	házi feladat	[ha:zi fɛlɒdɒt]
exercício (m)	gyakorlat	[ɟokorlɒt]
estar presente	jelen van	[jɛlɛn vɒn]
estar ausente	hiányzik	[hia:ɲzik]
punir (vt)	büntet	[byntɛt]
punição (f)	büntetés	[byntɛte:ʃ]
comportamento (m)	magatartás	[mɒgɒtɒrta:ʃ]

boletim (m) escolar	iskolai bizonyítvány	[iʃkolɒi+U3738 bizoɲi:tva:ɲ]
lápis (m)	ceruza	[tsɛruzɒ]
borracha (f)	radír	[rɒdi:r]
giz (m)	kréta	[kre:tɒ]
porta-lápis (m)	tolltartó	[tolltɒrto:]

mala, pasta, mochila (f)	iskolatáska	[iʃkolɒta:ʃkɒ]
caneta (f)	toll	[toll]
caderno (m)	füzet	[fyzɛt]
livro (m) didático	tankönyv	[tɒŋkøɲv]
compasso (m)	körző	[kørzø:]

| traçar (vt) | rajzol | [rɒjzol] |
| desenho (m) técnico | tervrajz | [tɛrvrɒjz] |

poesia (f)	vers	[vɛrʃ]
de cor	kívülről	[ki:vylrø:l]
decorar (vt)	kívülről tanul	[ki:vylrø:l tɒnul]

| férias (f pl) | szünet | [synɛt] |
| estar de férias | szünidőt tölti | [synidø:t tølti] |

teste (m), prova (f)	dolgozat	[dolgozɒt]
redação (f)	fogalmazás	[fogɒlmɒza:ʃ]
ditado (m)	diktandó	[diktɒndo:]

exame (m), prova (f)	vizsga	[viʒgɒ]
fazer prova	vizsgázik	[viʒga:zik]
experiência (~ química)	kísérlet	[ki:ʃe:rlɛt]

95. Colégio. Universidade

academia (f)	akadémia	[ɒkɒde:miɒ]
universidade (f)	egyetem	[ɛɟɛtɛm]
faculdade (f)	kar	[kɒr]

estudante (m)	diák	[dia:k]
estudante (f)	diáklány	[dia:kla:ɲ]
professor (m)	tanár	[tɒna:r]

| auditório (m) | tanterem | [tontɛrɛm] |
| graduado (m) | végzős | [ve:gzø:ʃ] |

| diploma (m) | szakdolgozat | [sɒgdolgozɒt] |
| tese (f) | disszertáció | [dissɛrta:tsio:] |

| estudo (obra) | kutatás | [kutɒta:ʃ] |
| laboratório (m) | laboratórium | [lɒborɒto:rium] |

| palestra (f) | előadás | [ɛlø:ɒda:ʃ] |
| colega (m) de curso | évfolyamtárs | [e:vfojɒm ta:rʃ] |

| bolsa (f) de estudos | ösztöndíj | [østøndi:j] |
| grau (m) acadêmico | tudományos fokozat | [tudoma:nøʃ fokozɒt] |

96. Ciências. Disciplinas

matemática (f)	matematika	[mɒtɛmɒtikɒ]
álgebra (f)	algebra	[ɒlgɛbrɒ]
geometria (f)	mértan	[me:rtɒn]
astronomia (f)	csillagászat	[ʧillɒga:sɒt]
biologia (f)	biológia	[biolo:giɒ]
geografia (f)	földrajz	[føldrɒjz]
geologia (f)	földtan	[føltton]
história (f)	történelem	[tørte:nɛlɛm]
medicina (f)	orvostudomány	[orvoʃtudoma:ɲ]
pedagogia (f)	pedagógia	[pɛdɒgo:giɒ]
direito (m)	jog	[jog]
física (f)	fizika	[fizikɒ]
química (f)	kémia	[ke:miɒ]
filosofia (f)	filozófia	[filozo:fiɒ]
psicologia (f)	lélektan	[le:lɛktɒn]

97. Sistema de escrita. Ortografia

gramática (f)	nyelvtan	[ɲɛlvtɒn]
vocabulário (m)	szókincs	[so:kinʧ]
fonética (f)	hangtan	[hɒŋgtɒn]
substantivo (m)	főnév	[fø:ne:v]
adjetivo (m)	melléknév	[mɛlle:kne:v]
verbo (m)	ige	[igɛ]
advérbio (m)	határozószó	[hɒta:rozo:so:]
pronome (m)	névmás	[ne:vma:ʃ]
interjeição (f)	indulatszó	[indulɒtso:]
preposição (f)	elöljárószó	[ɛlølja:ro:so:]
raiz (f)	szógyök	[so:ɟøk]
terminação (f)	végződés	[ve:gzø:de:ʃ]
prefixo (m)	prefixum	[prɛfiksum]
sílaba (f)	szótag	[so:tɒg]
sufixo (m)	rag	[rɒg]
acento (m)	hangsúly	[hɒŋgʃu:j]
apóstrofo (f)	aposztróf	[ɒpostro:f]
ponto (m)	pont	[pont]
vírgula (f)	vessző	[vɛssø:]
ponto e vírgula (m)	pontosvessző	[pontoʃvɛssø:]
dois pontos (m pl)	kettőspont	[kɛttø:ʃpont]
reticências (f pl)	három pont	[ha:rom pont]
ponto (m) de interrogação	kérdőjel	[ke:rdø:jɛl]
ponto (m) de exclamação	felkiáltójel	[fɛlkia:lto:jɛl]

aspas (f pl)	idézőjel	[ide:zø:jɛl]
entre aspas	idézőjelben	[ide:zø:jɛlbɛn]
parênteses (m pl)	zárójel	[za:ro:jɛl]
entre parênteses	zárójelben	[za:ro:jɛlbɛn]
hífen (m)	kötőjel	[køtø:jɛl]
travessão (m)	gondolatjel	[gondolɒtjɛl]
espaço (m)	szóköz	[so:køz]
letra (f)	betű	[bɛty:]
letra (f) maiúscula	nagybetű	[nɒɟbɛty:]
vogal (f)	magánhangzó	[mɒga:nhɒŋgzo:]
consoante (f)	mássalhangzó	[ma:ʃɒlhɒŋgzo:]
frase (f)	mondat	[mondɒt]
sujeito (m)	alany	[ɒlɒɲ]
predicado (m)	állítmány	[a:lli:tma:ɲ]
linha (f)	sor	[ʃor]
em uma nova linha	egy új sorban	[ɛɟ u:j ʃorbɒn]
parágrafo (m)	bekezdés	[bɛkɛzde:ʃ]
palavra (f)	szó	[so:]
grupo (m) de palavras	összetett szavak	[øs:ɛtɛtt sɒvɒk]
expressão (f)	kifejezés	[kifɛjɛze:ʃ]
sinônimo (m)	szinonima	[sinonimɒ]
antônimo (m)	antoníma	[ɒntoni:mɒ]
regra (f)	szabály	[sɒba:j]
exceção (f)	kivétel	[kive:tɛl]
correto (adj)	helyes	[hɛjɛʃ]
conjugação (f)	igeragozás	[igɛrɒgoza:ʃ]
declinação (f)	névszóragozás	[ne:vso:rɒgoza:ʃ]
caso (m)	eset	[ɛʃɛt]
pergunta (f)	kérdés	[ke:rde:ʃ]
sublinhar (vt)	aláhúz	[ɒla:hu:z]
linha (f) pontilhada	kipontozott vonal	[kipontozott vonɒl]

98. Línguas estrangeiras

língua (f)	nyelv	[ɲɛlv]
língua (f) estrangeira	idegen nyelv	[idɛgɛn ɲɛlv]
estudar (vt)	tanul	[tɒnul]
aprender (vt)	tanul	[tɒnul]
ler (vt)	olvas	[olvɒʃ]
falar (vi)	beszél	[bɛse:l]
entender (vt)	ért	[e:rt]
escrever (vt)	ír	[i:r]
rapidamente	gyorsan	[ɟørʃɒn]
devagar, lentamente	lassan	[lɒʃɒn]

fluentemente	folyékonyan	[foje:koɲɒn]
regras (f pl)	szabályok	[sɒba:jok]
gramática (f)	nyelvtan	[ɲɛlvtɒn]
vocabulário (m)	szókincs	[so:kintʃ]
fonética (f)	hangtan	[hɒŋgtɒn]

livro (m) didático	tankönyv	[tɒŋkøɲv]
dicionário (m)	szótár	[so:ta:r]
manual (m) autodidático	önálló tanulásra szolgáló könyv	[øna:llo: tɒnula:ʃrɒ solga:lo: køɲv]
guia (m) de conversação	társalgási nyelvkönyv	[ta:rʃolga:ʃi nɛlvkøɲv]

fita (f) cassete	kazetta	[kɒzɛttɒ]
videoteipe (m)	videokazetta	[fidɛokɒzɛttɒ]
CD (m)	CDlemez	[tsɛdɛlɛmɛz]
DVD (m)	DVDlemez	[dɛvɛdɛlɛmɛz]

alfabeto (m)	ábécé	[a:be:tse:]
soletrar (vt)	betűz	[bɛty:z]
pronúncia (f)	kiejtés	[kiɛjte:ʃ]

sotaque (m)	akcentus	[ɒktsɛntuʃ]
com sotaque	akcentussal	[ɒktsɛntuʃɒl]
sem sotaque	akcentus nélkül	[ɒktsɛntuʃ ne:lkyl]

| palavra (f) | szó | [so:] |
| sentido (m) | értelem | [e:rtɛlɛm] |

curso (m)	tanfolyam	[tɒnfojɒm]
inscrever-se (vr)	jelentkezik	[jɛlɛntkɛzik]
professor (m)	tanár	[tɒna:r]

tradução (processo)	fordítás	[fordi:ta:ʃ]
tradução (texto)	fordítás	[fordi:ta:ʃ]
tradutor (m)	fordító	[fordi:to:]
intérprete (m)	tolmács	[tolma:tʃ]

| poliglota (m) | poliglott | [poliglott] |
| memória (f) | emlékezet | [ɛmle:kɛzɛt] |

Descanso. Entretenimento. Viagens

99. Viagens

turismo (m)	turizmus	[turizmuʃ]
turista (m)	turista	[turiʃtɒ]
viagem (f)	utazás	[utɒza:ʃ]
aventura (f)	kaland	[kɒlɒnd]
percurso (curta viagem)	utazás	[utɒza:ʃ]
férias (f pl)	szabadság	[sɒbɒdʃa:g]
estar de férias	szabadságon van	[sɒbɒdʃa:gon vɒn]
descanso (m)	pihenés	[pihɛne:ʃ]
trem (m)	vonat	[vonɒt]
de trem (chegar ~)	vonattal	[vonɒttɒl]
avião (m)	repülőgép	[rɛpylø:ge:p]
de avião	repülőgéppel	[rɛpylø:ge:ppɛl]
de carro	autóval	[ɒuto:vɒl]
de navio	hajóval	[hɒjo:vɒl]
bagagem (f)	csomag	[ʧomɒg]
mala (f)	bőrönd	[bø:rønd]
carrinho (m)	kocsi	[koʧi]
passaporte (m)	útlevél	[u:tlɛve:l]
visto (m)	vízum	[vi:zum]
passagem (f)	jegy	[jɛɟ]
passagem (f) aérea	repülőjegy	[rɛpylø:jɛɟ]
guia (m) de viagem	útikalauz	[u:tikɒlɒuz]
mapa (m)	térkép	[te:rke:p]
área (f)	vidék	[vide:k]
lugar (m)	hely	[hɛj]
exotismo (m)	egzotikum	[ɛgzotikum]
exótico (adj)	egzotikus	[ɛgzotikuʃ]
surpreendente (adj)	csodálatos	[ʧoda:lɒtoʃ]
grupo (m)	csoport	[ʧoport]
excursão (f)	kirándulás	[kira:ndula:ʃ]
guia (m)	idegenvezető	[idɛgɛn vɛzɛtø:]

100. Hotel

hotel (m)	szálloda	[sa:llodɒ]
motel (m)	motel	[motɛl]
três estrelas	három csillagos	[ha:rom ʧillɒgoʃ]

cinco estrelas	öt csillagos	[øt tʃillɒgoʃ]
ficar (vi, vt)	megszáll	[mɛgsaːll]

quarto (m)	szoba	[sobɒ]
quarto (m) individual	egyágyas szoba	[ɛɟaːɟɒʃ sobɒ]
quarto (m) duplo	kétágyas szoba	[keːtaːɟɒʃ sobɒ]
reservar um quarto	lefoglal egy szobát	[lɛfoglɒl ɛɟ sobaːt]

meia pensão (f)	félpanzió	[feːlpɒnzioː]
pensão (f) completa	teljes panzió	[tɛjɛʃ pɒnzioː]

com banheira	fürdőszobával	[fyrdøːsobaːvɒl]
com chuveiro	zuhannyal	[zuhɒnnɒl]
televisão (m) por satélite	műholdas televízió	[myːholdɒʃ tɛlɛvizioː]
ar (m) condicionado	légkondicionáló	[leːgkonditsionaːloː]
toalha (f)	törülköző	[tørylkøzøː]
chave (f)	kulcs	[kultʃ]

administrador (m)	adminisztrátor	[ɒdministraːtor]
camareira (f)	szobalány	[sobɒlaːɲ]
bagageiro (m)	hordár	[hordaːr]
porteiro (m)	portás	[portaːʃ]

restaurante (m)	étterem	[eːttɛrɛm]
bar (m)	bár	[baːr]
café (m) da manhã	reggeli	[rɛggɛli]
jantar (m)	vacsora	[vɒtʃorɒ]
bufê (m)	svédasztal	[ʃveːdɒstɒl]

elevador (m)	lift	[lift]
NÃO PERTURBE	KÉRJÜK, NE ZAVARJANAK!	[keːrjyk nɛ zɒvɒrjɒnɒk]
PROIBIDO FUMAR!	DOHÁNYOZNI TILOS!	[dohaːnøzni tiloʃ]

EQUIPAMENTO TÉCNICO. TRANSPORTES

Equipamento técnico. Transportes

101. Computador

computador (m)	számítógép	[saːmiːtoːgeːp]
computador (m) portátil	laptop	[lɒptop]
ligar (vt)	bekapcsol	[bɛkɒptʃol]
desligar (vt)	kikapcsol	[kikɒptʃol]
teclado (m)	billentyűzet	[billɛɲcyːzɛt]
tecla (f)	billentyű	[billɛɲcyː]
mouse (m)	egér	[ɛgeːr]
tapete (m) para mouse	egérpad	[ɛgeːrpɒd]
botão (m)	gomb	[gomb]
cursor (m)	kurzor	[kurzor]
monitor (m)	monitor	[monitor]
tela (f)	képernyő	[keːpɛrɲøː]
disco (m) rígido	merevlemez	[mɛrɛvlɛmɛz]
memória (f)	memória	[mɛmoːriɒ]
memória RAM (f)	RAM	[rɒm]
arquivo (m)	fájl	[faːjl]
pasta (f)	mappa	[mɒppɒ]
abrir (vt)	nyit	[ɲit]
fechar (vt)	zár	[zaːr]
salvar (vt)	ment	[mɛnt]
deletar (vt)	töröl	[tørøl]
copiar (vt)	másol	[maːʃol]
ordenar (vt)	osztályoz	[ostaːjoz]
copiar (vt)	átír	[aːtiːr]
programa (m)	program	[progrɒm]
software (m)	szoftver	[softvɛr]
programador (m)	programozó	[progrɒmozoː]
programar (vt)	programoz	[progrɒmoz]
hacker (m)	hacker	[hɒkɛr]
senha (f)	jelszó	[jɛlsoː]
vírus (m)	vírus	[viːruʃ]
detectar (vt)	megtalál	[mɛgtɒlaːl]
byte (m)	byte	[bɒjt]
megabyte (m)	megabyte	[mɛgɒbɒjt]

| dados (m pl) | adatok | [ɒdɒtok] |
| base (f) de dados | adatbázis | [ɒdɒtbaːziʃ] |

cabo (m)	kábel	[kaːbɛl]
desconectar (vt)	szétkapcsol	[seːtkɒpt͡ʃol]
conectar (vt)	hozzákapcsol	[hozzaːkɒpt͡ʃol]

102. Internet. E-mail

internet (f)	internet	[intɛrnɛt]
browser (m)	böngésző	[bøŋgeːsøː]
motor (m) de busca	kereső program	[kɛrɛʃøː progrɒm]
provedor (m)	szolgáltató	[solgaːltɒtoː]

webmaster (m)	webgazda	[vɛbgɒzdɒ]
website (m)	weboldal	[vɛboldɒl]
web page (f)	weboldal	[vɛboldɒl]

| endereço (m) | cím | [tsiːm] |
| livro (m) de endereços | címkönyv | [tsiːmkøɲv] |

| caixa (f) de correio | postaláda | [poʃtɒlaːdɒ] |
| correio (m) | posta | [poʃtɒ] |

mensagem (f)	levél	[lɛveːl]
remetente (m)	feladó	[fɛlɒdoː]
enviar (vt)	felad	[fɛlɒd]
envio (m)	feladás	[fɛlɒdaːʃ]

| destinatário (m) | címzett | [tsiːmzɛtt] |
| receber (vt) | kap | [kɒp] |

| correspondência (f) | levelezés | [lɛvɛlɛzeːʃ] |
| corresponder-se (vr) | levelez | [lɛvɛlɛz] |

arquivo (m)	fájl	[faːjl]
fazer download, baixar (vt)	letölt	[lɛtølt]
criar (vt)	teremt	[tɛrɛmt]

| deletar (vt) | töröl | [tørøl] |
| deletado (adj) | törölt | [tørølt] |

conexão (f)	kapcsolat	[kɒpt͡ʃolɒt]
velocidade (f)	sebesség	[ʃɛbɛʃeːg]
modem (m)	modem	[modɛm]

| acesso (m) | hozzáférés | [hozːaːfeːreːʃ] |
| porta (f) | port | [port] |

| conexão (f) | csatlakozás | [t͡ʃɒtlɒkozaːʃ] |
| conectar (vi) | csatlakozik | [t͡ʃɒtlɒkozik] |

| escolher (vt) | választ | [vaːlɒst] |
| buscar (vt) | keres | [kɛrɛʃ] |

103. Eletricidade

eletricidade (f)	villany	[villɒɲ]
elétrico (adj)	villamos	[villɒmoʃ]
planta (f) elétrica	villamos erőmű	[villɒmoʃ ɛrø:my:]
energia (f)	energia	[ɛnɛrgiɒ]
energia (f) elétrica	villamos energia	[villɒmoʃ ɛnɛrgiɒ]
lâmpada (f)	körte	[kørtɛ]
lanterna (f)	zseblámpa	[ʒɛb la:mpɒ]
poste (m) de iluminação	utcalámpa	[utsɒ la:mpɒ]
luz (f)	villany	[villɒɲ]
ligar (vt)	bekapcsol	[bɛkɒpt͡ʃol]
desligar (vt)	kikapcsol	[kikɒpt͡ʃol]
apagar a luz	eloltja a villanyt	[ɛlolcɒ ɒ villɒɲt]
queimar (vi)	kiég	[kie:g]
curto-circuito (m)	rövidzárlat	[røvidza:rlɒt]
ruptura (f)	szakadás	[sɒkɒda:ʃ]
contato (m)	érintkezés	[e:rintkɛze:ʃ]
interruptor (m)	bekapcsoló	[bɛkɒpt͡ʃolo:]
tomada (de parede)	konnektor	[konnɛktor]
plugue (m)	dugó	[dugo:]
extensão (f)	elosztó	[ɛlosto:]
fusível (m)	biztosíték	[bistoʃi:te:k]
fio, cabo (m)	vezeték	[vɛzɛte:k]
instalação (f) elétrica	vezetés	[vɛzɛte:ʃ]
ampère (m)	amper	[ɒmpɛr]
amperagem (f)	áramerő	[a:rɒmɛrø:]
volt (m)	volt	[volt]
voltagem (f)	feszültség	[fɛsylt͡ʃe:g]
aparelho (m) elétrico	villamos készülék	[villɒmoʃ ke:syle:k]
indicador (m)	indikátor	[indika:tor]
eletricista (m)	villanyszerelő	[villɒɲsɛrɛlø:]
soldar (vt)	forraszt	[forrɒst]
soldador (m)	forrasztópáka	[forrɒsto:pa:kɒ]
corrente (f) elétrica	áramlás	[a:rɒmla:ʃ]

104. Ferramentas

ferramenta (f)	szerszám	[sɛrsa:m]
ferramentas (f pl)	szerszámok	[sɛrsa:mok]
equipamento (m)	felszerelés	[fɛlsɛrɛle:ʃ]
martelo (m)	kalapács	[kɒlɒpa:t͡ʃ]
chave (f) de fenda	csavarhúzó	[t͡ʃɒvɒrhu:zo:]
machado (m)	fejsze	[fɛjsɛ]

serra (f)	fűrész	[fy:re:s]
serrar (vt)	fűrészel	[fy:re:sɛl]
plaina (f)	gyalu	[ɟolu]
aplainar (vt)	gyalul	[ɟolul]
soldador (m)	forrasztópáka	[forrɒsto:pa:kɒ]
soldar (vt)	forraszt	[forrɒst]

lima (f)	reszelő	[rɛsɛlø:]
tenaz (f)	harapófogó	[hɒrɒpo:fogo:]
alicate (m)	laposfogó	[lɒpoʃfogo:]
formão (m)	véső	[ve:ʃø:]

broca (f)	fúró	[fu:ro:]
furadeira (f) elétrica	fúrógép	[fu:ro:ge:p]
furar (vt)	fúr	[fu:r]

| faca (f) | kés | [ke:ʃ] |
| lâmina (f) | él | [e:l] |

afiado (adj)	éles	[e:lɛʃ]
cego (adj)	tompa	[tompɒ]
embotar-se (vr)	eltompul	[ɛltompul]
afiar, amolar (vt)	élesít	[e:lɛʃi:t]

parafuso (m)	csavar	[ʧɒvɒr]
porca (f)	csavaranya	[ʧɒvɒrɒɲɒ]
rosca (f)	menet	[mɛnɛt]
parafuso (para madeira)	facsavar	[fɒʧɒvɒr]

| prego (m) | szeg | [sɛg] |
| cabeça (f) do prego | fej | [fɛj] |

régua (f)	vonalzó	[vonɒlzo:]
fita (f) métrica	mérőszalag	[me:rø:sɒlɒg]
nível (m)	vízszintező	[vi:zsintɛzø:]
lupa (f)	nagyító	[nɒɟi:to:]

medidor (m)	mérőkészülék	[me:rø:ke:syle:k]
medir (vt)	mér	[me:r]
escala (f)	skála	[ʃka:lɒ]
indicação (f), registro (m)	állás	[a:lla:ʃ]

| compressor (m) | légsűrítő | [le:gʃy:ri:tø:] |
| microscópio (m) | mikroszkóp | [mikrosko:p] |

bomba (f)	szivattyú	[sivɒc:u:]
robô (m)	robotgép	[robotge:p]
laser (m)	lézer	[le:zɛr]

chave (f) de boca	csavarkulcs	[ʧɒvɒr kulʧ]
fita (f) adesiva	ragasztószalag	[rɒgɒsto: sɒlɒg]
cola (f)	ragasztó	[rɒgɒsto:]

lixa (f)	csiszolópapír	[ʧisolo:pɒpi:r]
mola (f)	rugó	[rugo:]
ímã (m)	mágnes	[ma:gnɛʃ]

luva (f)	kesztyű	[kɛscy:]
corda (f)	kötél	[køte:l]
cabo (~ de nylon, etc.)	zsinór	[ʒino:r]
fio (m)	vezeték	[vɛzɛte:k]
cabo (~ elétrico)	kábel	[ka:bɛl]

marreta (f)	nagy kalapács	[nɒɟ kɒlɒpa:ʧ]
pé de cabra (m)	bontórúd	[bonto:ru:d]
escada (f) de mão	létra	[le:trɒ]
escada (m)	létra	[le:trɒ]

enroscar (vt)	becsavar	[bɛʧɒvɒr]
desenroscar (vt)	kicsavar	[kiʧɒvɒr]
apertar (vt)	beszorít	[bɛsori:t]
colar (vt)	ráragaszt	[ra:rɒgɒst]
cortar (vt)	vág	[va:g]

falha (f)	üzemzavar	[yzɛmzɒvɒr]
conserto (m)	javítás	[jɒvi:ta:ʃ]
consertar, reparar (vt)	javít	[jɒvi:t]
regular, ajustar (vt)	szabályoz	[sɒba:joz]

verificar (vt)	ellenőriz	[ɛllɛnø:riz]
verificação (f)	ellenőrzés	[ɛllɛnø:rze:ʃ]
indicação (f), registro (m)	állás	[a:lla:ʃ]

seguro (adj)	biztos	[biztoʃ]
complicado (adj)	bonyolult	[bonølult]

enferrujar (vi)	rozsdásodik	[roʒda:ʃodik]
enferrujado (adj)	rozsdás	[roʒda:ʃ]
ferrugem (f)	rozsda	[roʒdɒ]

Transportes

105. Avião

avião (m)	repülőgép	[rɛpylø:ge:p]
passagem (f) aérea	repülőjegy	[rɛpylø:jɛɟ]
companhia (f) aérea	légitársaság	[le:gi ta:rʃɒʃa:g]
aeroporto (m)	repülőtér	[rɛpylø:te:r]
supersônico (adj)	szuperszónikus	[supɛrso:nikuʃ]

comandante (m) do avião	kapitány	[kɒpita:ɲ]
tripulação (f)	személyzet	[sɛme:jzɛt]
piloto (m)	pilóta	[pilo:tɒ]
aeromoça (f)	légikisasszony	[le:gikiʃɒssoɲ]
copiloto (m)	navigátor	[nɒviga:tor]

asas (f pl)	szárnyak	[sa:rɲɒk]
cauda (f)	vég	[ve:g]
cabine (f)	fülke	[fylkɛ]
motor (m)	motor	[motor]
trem (m) de pouso	futómű	[futo:my:]
turbina (f)	turbina	[turbinɒ]

hélice (f)	légcsavar	[le:gt͡ʃɒvɒr]
caixa-preta (f)	fekete doboz	[fɛkɛtɛ doboz]
coluna (f) de controle	kormány	[korma:ɲ]
combustível (m)	üzemanyag	[yzɛmɒɲɒg]

instruções (f pl) de segurança	instrukció	[inʃtruktsio:]
máscara (f) de oxigênio	oxigénmaszk	[oksige:nmɒsk]
uniforme (m)	egyenruha	[ɛɟɛnruhɒ]

colete (m) salva-vidas	mentőmellény	[mɛntø:mɛlle:ɲ]
paraquedas (m)	ejtőernyő	[ɛjtø:ɛrɲø:]

decolagem (f)	felszállás	[fɛlsa:lla:ʃ]
descolar (vi)	felszáll	[fɛlsa:ll]
pista (f) de decolagem	kifutópálya	[kifuto:pa:jɒ]

visibilidade (f)	láthatóság	[la:thɒto:ʃa:g]
voo (m)	repülés	[rɛpyle:ʃ]

altura (f)	magasság	[mɒgɒʃa:g]
poço (m) de ar	turbulencia	[turbulɛntsiɒ]

assento (m)	hely	[hɛj]
fone (m) de ouvido	fejhallgató	[fɛlhɒllgɒto:]
mesa (f) retrátil	felhajtható asztal	[fɛlhɒjthɒto: ɒstɒl]
janela (f)	repülőablak	[rɛpylø:ɒblɒk]
corredor (m)	járat	[ja:rɒt]

106. Comboio

trem (m)	vonat	[vonɒt]
trem (m) elétrico	villanyvonat	[villɒɲvonɒt]
trem (m)	gyorsvonat	[ɟørʃvonɒt]
locomotiva (f) diesel	dízelmozdony	[di:zɛlmozdoɲ]
locomotiva (f) a vapor	gőzmozdony	[gø:zmozdoɲ]

vagão (f) de passageiros	személykocsi	[sɛme:jkotʃi]
vagão-restaurante (m)	étkezőkocsi	[e:tkɛzø:kotʃi]

carris (m pl)	sín	[ʃi:n]
estrada (f) de ferro	vasút	[vɒʃu:t]
travessa (f)	talpfa	[tɒlpfɒ]

plataforma (f)	peron	[pɛron]
linha (f)	vágány	[va:ga:ɲ]
semáforo (m)	karjelző	[kɒrjɛlzø:]
estação (f)	állomás	[a:lloma:ʃ]

maquinista (m)	vonatvezető	[vonɒtvɛzɛtø:]
bagageiro (m)	hordár	[horda:r]
hospedeiro, -a (m, f)	kalauz	[kɒlɒuz]
passageiro (m)	utas	[utɒʃ]
revisor (m)	ellenőr	[ɛllɛnø:r]

corredor (m)	folyosó	[fojoʃo:]
freio (m) de emergência	vészfék	[ve:sfe:k]

compartimento (m)	fülke	[fylkɛ]
cama (f)	polc	[polts]
cama (f) de cima	felső polc	[fɛlʃø: polts]

cama (f) de baixo	alsó polc	[ɒlʃo: polts]
roupa (f) de cama	ágynemű	[a:ɲɛmy:]

passagem (f)	jegy	[jɛɟ]
horário (m)	menetrend	[mɛnɛtrɛnd]
painel (m) de informação	tabló	[tɒblo:]

partir (vt)	indul	[indul]
partida (f)	indulás	[indula:ʃ]

chegar (vi)	érkezik	[e:rkɛzik]
chegada (f)	érkezés	[e:rkɛze:ʃ]

chegar de trem	vonaton érkezik	[vonɒton e:rkɛzik]
pegar o trem	felszáll a vonatra	[fɛlsa:ll ɒ vonɒtrɒ]
descer de trem	leszáll a vonatról	[lɛsa:ll ɒ vonɒtro:l]

acidente (m) ferroviário	vasúti szerencsétlenség	[vɒʃu:ti sɛrɛntʃe:tlɛnʃe:g]
locomotiva (f) a vapor	gőzmozdony	[gø:zmozdoɲ]
foguista (m)	kazánfűtő	[kɒza:nfy:tø:]
fornalha (f)	tűztér	[ty:zte:r]
carvão (m)	szén	[se:n]

107. Barco

navio (m)	hajó	[hɒjo:]
embarcação (f)	vízi jármű	[vi:zi ja:rmy:]

barco (m) a vapor	gőzhajó	[gø:zhɒjo:]
barco (m) fluvial	motoros hajó	[motoroʃ hɒjo:]
transatlântico (m)	óceánjáró	[o:tsɛa:nja:ro:]
cruzeiro (m)	cirkáló	[tsirka:lo:]

iate (m)	jacht	[jɒxt]
rebocador (m)	vontatóhajó	[vontɒto: hɒjo:]
barcaça (f)	uszály	[usa:j]
ferry (m)	komp	[komp]

veleiro (m)	vitorlás hajó	[vitorla:ʃ hɒjo:]
bergantim (m)	brigantine	[brigantin]

quebra-gelo (m)	jégtörő hajó	[je:gtørø: hɒjo:]
submarino (m)	tengeralattjáró	[tɛŋgɛrɒlɒttja:ro:]

bote, barco (m)	csónak	[ʧo:nɒk]
baleeira (bote salva-vidas)	csónak	[ʧo:nɒk]
bote (m) salva-vidas	mentőcsónak	[mɛntø:ʧo:nɒk]
lancha (f)	motorcsónak	[motor ʧo:nɒk]

capitão (m)	kapitány	[kɒpita:ɲ]
marinheiro (m)	tengerész	[tɛŋgɛre:s]
marujo (m)	tengerész	[tɛŋgɛre:s]
tripulação (f)	személyzet	[sɛme:jzɛt]

contramestre (m)	fedélzetmester	[fɛde:lzɛtmɛʃtɛr]
grumete (m)	matrózinas	[mɒtro:zinɒʃ]
cozinheiro (m) de bordo	hajószakács	[hɒjo:sɒka:ʧ]
médico (m) de bordo	hajóorvos	[hɒjo:orvoʃ]

convés (m)	fedélzet	[fɛde:lzɛt]
mastro (m)	árboc	[a:rbots]
vela (f)	vitorla	[vitorlɒ]

porão (m)	hajóűr	[hɒjo:y:r]
proa (f)	orr	[orr]
popa (f)	hajófar	[hɒjo:fɒr]
remo (m)	evező	[ɛvɛzø:]
hélice (f)	csavar	[ʧɒvɒr]

cabine (m)	hajófülke	[hɒjo:fylkɛ]
sala (f) dos oficiais	társalgó	[ta:rʃɒlgo:]
sala (f) das máquinas	gépház	[ge:pha:z]
ponte (m) de comando	parancsnoki híd	[pɒrɒnʧnoki hi:d]
sala (f) de comunicações	rádiófülke	[ra:dio:fylkɛ]
onda (f)	hullám	[hulla:m]
diário (m) de bordo	hajónapló	[hɒjo:nɒplo:]
luneta (f)	távcső	[ta:vʧø:]
sino (m)	harang	[hɒrɒŋg]

bandeira (f)	zászló	[za:slo:]
cabo (m)	kötél	[køte:l]
nó (m)	tengeri csomó	[tɛŋgɛri ʧomo:]

| corrimão (m) | korlát | [korla:t] |
| prancha (f) de embarque | hajólépcső | [hɔjo:le:pʧø:] |

âncora (f)	horgony	[horgoɲ]
recolher a âncora	horgonyt felszed	[horgoɲt fɛlsɛd]
jogar a âncora	horgonyt vet	[horgoɲt vɛt]
amarra (corrente de âncora)	horgonylánc	[horgoɲla:nts]

porto (m)	kikötő	[kikøtø:]
cais, amarradouro (m)	móló, kikötő	[mo:lo:], [kikøtø:]
atracar (vi)	kiköt	[kikøt]
desatracar (vi)	elold	[ɛlold]

viagem (f)	utazás	[utɒza:ʃ]
cruzeiro (m)	hajóút	[hɔjo:u:t]
rumo (m)	irány	[ira:ɲ]
itinerário (m)	járat	[ja:rɒt]

canal (m) de navegação	hajózható út	[hɔjo:zhɒto: u:t]
banco (m) de areia	zátony	[za:toɲ]
encalhar (vt)	zátonyra fut	[za:toɲrɒ fut]

tempestade (f)	vihar	[vihɒr]
sinal (m)	jelzés	[jɛlze:ʃ]
afundar-se (vr)	elmerül	[ɛlmɛryl]
SOS	SOS	[sos]
boia (f) salva-vidas	mentőöv	[mɛntø:øv]

108. Aeroporto

aeroporto (m)	repülőtér	[rɛpylø:te:r]
avião (m)	repülőgép	[rɛpylø:ge:p]
companhia (f) aérea	légitársaság	[le:gi ta:rʃɒʃa:g]
controlador (m) de tráfego aéreo	diszpécser	[dispe:ʧɛr]

partida (f)	elrepülés	[ɛlrɛpyle:ʃ]
chegada (f)	megérkezés	[mɛgɛ:rkɛze:ʃ]
chegar (vi)	megérkezik	[mɛgɛ:rkɛzik]

| hora (f) de partida | az indulás ideje | [ɒz indula:ʃ idɛjɛ] |
| hora (f) de chegada | a leszállás ideje | [ɒ lɛsa:lla:ʃ idɛjɛ] |

| estar atrasado | késik | [ke:ʃik] |
| atraso (m) de voo | a felszállás késése | [ɒ fɛlsa:lla:ʃ ke:ʃe:ʃɛ] |

painel (m) de informação	tájékoztató tabló	[ta:je:koztɒto: tɒblo:]
informação (f)	információ	[informa:tsio:]
anunciar (vt)	bemond	[bɛmond]
voo (m)	járat	[ja:rɒt]

alfândega (f)	vám	[va:m]
funcionário (m) da alfândega	vámos	[va:moʃ]

declaração (f) alfandegária	vámnyilatkozat	[va:mɲilɒtkozɒt]
preencher (vt)	tölt	[tølt]
controle (m) de passaporte	útlevélvizsgálat	[u:tlɛve:lviʒga:lɒt]

bagagem (f)	poggyász	[poɟɟa:s]
bagagem (f) de mão	kézipoggyász	[ke:zipodɟa:s]
carrinho (m)	kocsi	[kotʃi]

pouso (m)	leszállás	[lɛsa:lla:ʃ]
pista (f) de pouso	leszállóhely	[lɛsa:llo:U4947hɛj]
aterrissar (vi)	leszáll	[lɛsa:ll]
escada (f) de avião	utaslépcső	[utɒʃ le:ptʃø:]

check-in (m)	bejegyzés	[bɛjɛɟze:ʃ]
balcão (m) do check-in	jegy és poggyászkezelés	[jɛɟ e:ʃ poɟɟa:s kɛzɛle:ʃ]
fazer o check-in	bejegyzi magát	[bɛjɛɟzi mɒga:t]
cartão (m) de embarque	beszállókártya	[bɛsa:llo:ka:rcɒ]
portão (m) de embarque	kapu	[kɒpu]

trânsito (m)	tranzit	[trɒnzit]
esperar (vi, vt)	vár	[va:r]
sala (f) de espera	váróterem	[va:ro:tɛrɛm]
despedir-se (acompanhar)	kísér	[ki:ʃe:r]
despedir-se (dizer adeus)	elbúcsúzik	[ɛlbu:tʃu:zik]

Eventos

109. Férias. Evento

festa (f)	ünnep	[ynnɛp]
feriado (m) nacional	nemzeti ünnep	[nɛmzɛti ynnɛp]
feriado (m)	ünnepnap	[ynnɛpnɒp]
festejar (vt)	ünnepel	[ynnɛpɛl]
evento (festa, etc.)	esemény	[ɛʃɛmeːɲ]
evento (banquete, etc.)	rendezvény	[rɛndɛzveːɲ]
banquete (m)	díszvacsora	[diːsvɒʧorɒ]
recepção (f)	fogadás	[fogɒdaːʃ]
festim (m)	lakoma	[lɒkomɒ]
aniversário (m)	évforduló	[eːvforduloː]
jubileu (m)	jubileum	[jubilɛum]
celebrar (vt)	megemlékezik	[mɛgɛmleːkɛzik]
Ano (m) Novo	Újév	[uːjeːv]
Feliz Ano Novo!	Boldog Újévet!	[boldog uːjeːvɛt]
Natal (m)	karácsony	[kɒraːʧoɲ]
Feliz Natal!	Boldog karácsonyt!	[boldog kɒraːʧoɲt]
árvore (f) de Natal	karácsonyfa	[kɒraːʧoɲfɒ]
fogos (m pl) de artifício	tűzijáték	[tyzijaːteːk]
casamento (m)	lakodalom	[lɒkodɒlom]
noivo (m)	vőlegény	[vøːlɛgeːɲ]
noiva (f)	mennyasszony	[mɛɲɲɒssoɲ]
convidar (vt)	meghív	[mɛghiːv]
convite (m)	meghívó	[mɛghiːvoː]
convidado (m)	vendég	[vɛndeːg]
visitar (vt)	vendégségbe megy	[vɛndeːgʃeːgbɛ mɛɟ]
receber os convidados	vendéget fogad	[vɛndeːgɛt fogɒd]
presente (m)	ajándék	[ɒjaːndeːk]
oferecer, dar (vt)	ajándékoz	[ɒjaːndeːkoz]
receber presentes	ajándékot kap	[ɒjaːndeːkot kɒp]
buquê (m) de flores	csokor	[ʧokor]
felicitações (f pl)	üdvözlet	[ydvøzlɛt]
felicitar (vt)	gratulál	[grɒtulaːl]
cartão (m) de parabéns	üdvözlő képeslap	[ydvøzløː keːpɛʃlɒp]
enviar um cartão postal	képeslapot küld	[keːpɛʃlɒpot kyld]
receber um cartão postal	képeslapot kap	[keːpɛʃlɒpot kɒp]
brinde (m)	pohárköszöntő	[pohaːrkøsøntøː]

oferecer (vt)	kínál	[ki:na:l]
champanhe (m)	pezsgő	[pɛ3gø:]

divertir-se (vr)	szórakozik	[so:rɒkozik]
diversão (f)	vidámság	[vida:mʃa:g]
alegria (f)	öröm	[ørøm]

dança (f)	tánc	[ta:nts]
dançar (vi)	táncol	[ta:ntsol]

valsa (f)	keringő	[kɛriŋgø:]
tango (m)	tangó	[tɒŋgo:]

110. Funerais. Enterro

cemitério (m)	temető	[tɛmɛtø:]
sepultura (f), túmulo (m)	sír	[ʃi:r]
cruz (f)	kereszt	[kɛrɛst]
lápide (f)	sírkő	[ʃi:rkø:]
cerca (f)	kerítés	[kɛri:te:ʃ]
capela (f)	kápolna	[ka:polnɒ]

morte (f)	halál	[hɒla:l]
morrer (vi)	meghal	[mɛghɒl]
defunto (m)	halott	[hɒlott]
luto (m)	gyász	[ɟa:s]

enterrar, sepultar (vt)	temet	[tɛmɛt]
funerária (f)	temetkezési vállalat	[tɛmɛtkɛze:ʃi va:llɒlɒt]
funeral (m)	temetés	[tɛmɛte:ʃ]

coroa (f) de flores	koszorú	[kosoru:]
caixão (m)	koporsó	[koporʃo:]
carro (m) funerário	ravatal	[rɒvɒtɒl]
mortalha (f)	halotti ruha	[hɒlotti ruhɒ]

urna (f) funerária	urna	[urnɒ]
crematório (m)	krematórium	[krɛmɒto:rium]

obituário (m), necrologia (f)	nekrológ	[nɛkrolo:g]
chorar (vi)	sír	[ʃi:r]
soluçar (vi)	zokog	[zokog]

111. Guerra. Soldados

pelotão (m)	szakasz	[sɒkɒs]
companhia (f)	század	[sa:zɒd]
regimento (m)	ezred	[ɛzrɛd]
exército (m)	hadsereg	[hɒʧɛrɛg]
divisão (f)	hadosztály	[hɒdosta:j]
esquadrão (m)	csapat	[ʧɒpɒt]
hoste (f)	hadsereg	[hɒʧɛrɛg]

| soldado (m) | katona | [kɒtonɒ] |
| oficial (m) | tiszt | [tist] |

soldado (m) raso	közlegény	[køzlɛge:ɲ]
sargento (m)	őrmester	[ø:rmɛʃtɛr]
tenente (m)	hadnagy	[hɒdnɒɟ]
capitão (m)	százados	[sa:zɒdoʃ]
major (m)	őrnagy	[ø:rnɒɟ]
coronel (m)	ezredes	[ɛzrɛdɛʃ]
general (m)	tábornok	[ta:bornok]

marujo (m)	tengerész	[tɛŋgɛre:s]
capitão (m)	kapitány	[kɒpita:ɲ]
contramestre (m)	fedélzetmester	[fɛde:lzɛtmɛʃtɛr]

artilheiro (m)	tüzér	[tyze:r]
soldado (m) paraquedista	deszantos	[dɛsɒntoʃ]
piloto (m)	pilóta	[pilo:tɒ]
navegador (m)	kormányos	[korma:nøʃ]
mecânico (m)	gépész	[ge:pe:s]

sapador-mineiro (m)	utász	[uta:s]
paraquedista (m)	ejtőernyős	[ɛjtø:ɛrɲø:ʃ]
explorador (m)	felderítő	[fɛldɛri:tø:]
atirador (m) de tocaia	mesterlövész	[mɛʃtɛrløve:s]

patrulha (f)	őrjárat	[ø:rja:rɒt]
patrulhar (vt)	őrjáratoz	[ø:rja:rɒtoz]
sentinela (f)	őr	[ø:r]

guerreiro (m)	harcos	[hɒrtsoʃ]
patriota (m)	hazafi	[hɒzɒfi]
herói (m)	hős	[hø:ʃ]
heroína (f)	hősnő	[hø:ʃnø:]

traidor (m)	áruló	[a:rulo:]
desertor (m)	szökevény	[søkeve:ɲ]
desertar (vt)	megszökik	[mɛgsøkik]

mercenário (m)	zsoldos	[ʒoldoʃ]
recruta (m)	újonc	[u:jonts]
voluntário (m)	önkéntes	[ønke:ntɛʃ]

morto (m)	halott	[hɒlott]
ferido (m)	sebesült	[ʃɛbɛʃylt]
prisioneiro (m) de guerra	fogoly	[fogoj]

112. Guerra. Ações militares. Parte 1

guerra (f)	háború	[ha:boru:]
guerrear (vt)	harcol	[hɒrtsol]
guerra (f) civil	polgárháború	[polga:rha:boru:]
perfidamente	alattomos	[alattomos]
declaração (f) de guerra	hadüzenet	[hɒdyzɛnɛt]

declarar guerra	hadat üzen	[hɒdɒt yzɛn]
agressão (f)	agresszió	[ɒgrɛssio:]
atacar (vt)	támad	[ta:mɒd]
invadir (vt)	meghódít	[mɛgho:di:t]
invasor (m)	megszállók	[mɛksa:llo:k]
conquistador (m)	hódító	[ho:di:to:]
defesa (f)	védelem	[ve:dɛlɛm]
defender (vt)	védelmez	[ve:dɛlmɛz]
defender-se (vr)	védekezik	[ve:dɛkɛzik]
inimigo (m)	ellenség	[ɛllɛnʃe:g]
adversário (m)	ellenfél	[ɛllɛnfe:l]
inimigo (adj)	ellenséges	[ɛllɛnʃe:gɛʃ]
estratégia (f)	hadászat	[hɒda:sɒt]
tática (f)	taktika	[tɒktikɒ]
ordem (f)	parancs	[pɒrɒntʃ]
comando (m)	parancs	[pɒrɒntʃ]
ordenar (vt)	parancsol	[pɒrɒntʃol]
missão (f)	megbízás	[mɛgbi:za:ʃ]
secreto (adj)	titkos	[titkoʃ]
batalha (f)	csata	[tʃɒtɒ]
combate (m)	harc	[hɒrts]
ataque (m)	támadás	[ta:mɒda:ʃ]
assalto (m)	roham	[rohɒm]
assaltar (vt)	megrohamoz	[mɛgrohɒmoz]
assédio, sítio (m)	ostrom	[oʃtrom]
ofensiva (f)	támadás	[ta:mɒda:ʃ]
tomar à ofensiva	támad	[ta:mɒd]
retirada (f)	visszavonulás	[vissɒvonula:ʃ]
retirar-se (vr)	visszavonul	[vissɒvonul]
cerco (m)	bekerítés	[bɛkɛri:te:ʃ]
cercar (vt)	körülvesz	[kørylvɛs]
bombardeio (m)	bombázás	[bomba:za:ʃ]
lançar uma bomba	bombáz	[bomba:z]
bombardear (vt)	bombáz	[bomba:z]
explosão (f)	robbanás	[robbɒna:ʃ]
tiro (m)	lövés	[løve:ʃ]
dar um tiro	lő	[lø:]
tiroteio (m)	tüzelés	[tyzɛle:ʃ]
apontar para ...	céloz	[tse:loz]
apontar (vt)	céloz	[tse:loz]
acertar (vt)	eltalál	[ɛltɒla:l]
afundar (~ um navio, etc.)	elsüllyeszt	[ɛlʃyjːɛst]
brecha (f)	lék	[le:k]

afundar-se (vr)	elsüllyed	[ɛlʃyjːɛd]
frente (m)	front	[front]
evacuação (f)	kitelepítés	[kitɛlɛpiːteːʃ]
evacuar (vt)	kitelepít	[kitɛlɛpiːt]
arame (m) enfarpado	tüskésdrót	[tyʃkeːʃdroːt]
barreira (f) anti-tanque	torlasz	[torlɒs]
torre (f) de vigia	torony	[toroɲ]
hospital (m) militar	katonai kórház	[kɒtonɒj koːrhaːz]
ferir (vt)	megsebez	[mɛgʃɛbɛz]
ferida (f)	seb	[ʃɛb]
ferido (m)	sebesült	[ʃɛbɛʃylt]
ficar ferido	megsebesül	[mɛgʃɛbɛʃyl]
grave (ferida ~)	súlyos	[ʃuːjoʃ]

113. Guerra. Ações militares. Parte 2

cativeiro (m)	fogság	[fogʃaːg]
capturar (vt)	foglyul ejt	[fogjyl ɛjt]
estar em cativeiro	fogságban van	[fogʃaːgbɒn vɒn]
ser aprisionado	fogságba esik	[fogʃaːgbɒ ɛʃik]
campo (m) de concentração	koncentrációs tábor	[kontsɛntraːtsioːʃ taːbor]
prisioneiro (m) de guerra	fogoly	[fogoj]
escapar (vi)	megszökik	[mɛgsøkik]
trair (vt)	elárul	[ɛlaːrul]
traidor (m)	áruló	[aːruloː]
traição (f)	árulás	[aːrulaːʃ]
fuzilar, executar (vt)	agyonlő	[ɒɟønløː]
fuzilamento (m)	agyonlövés	[ɒɟønløveːʃ]
equipamento (m)	felszerelés	[fɛlsɛrɛleːʃ]
insígnia (f) de ombro	válllap	[vaːlllɒp]
máscara (f) de gás	gázálarc	[gaːzaːlɒrts]
rádio (m)	rádió	[raːdioː]
cifra (f), código (m)	rejtjel	[rɛjtjɛl]
conspiração (f)	konspiráció	[konʃpiraːtsioː]
senha (f)	jelszó	[jɛlsoː]
mina (f)	akna	[ɒknɒ]
minar (vt)	elaknásít	[ɛlɒknaːʃiːt]
campo (m) minado	aknamező	[ɒknɒmɛzøː]
alarme (m) aéreo	légiriadó	[leːgiriɒdoː]
alarme (m)	riadó	[riɒdoː]
sinal (m)	jelzés	[jɛlzeːʃ]
sinalizador (m)	jelzőrakéta	[jɛlzøːrɒkeːtɒ]
quartel-general (m)	főhadiszállás	[føːhɒdisaːllaːʃ]
reconhecimento (m)	felderítés	[fɛldɛriːteːʃ]

situação (f)	helyzet	[hɛjzɛt]
relatório (m)	beszámoló	[bɛsaːmoloː]
emboscada (f)	les	[lɛʃ]
reforço (m)	erősítés	[ɛrøːʃiːteːʃ]

alvo (m)	célpont	[tseːlpont]
campo (m) de tiro	lőtér	[løːteːr]
manobras (f pl)	hadgyakorlatok	[hɒdɟokorlɒtok]

pânico (m)	pánik	[paːnik]
devastação (f)	pusztulás	[pustulaːʃ]
ruínas (f pl)	elpusztítás	[ɛlpustiːtaːʃ]
destruir (vt)	elpusztít	[ɛlpustiːt]

sobreviver (vi)	életben marad	[eːlɛtbɛn mɒrɒd]
desarmar (vt)	lefegyverez	[lɛfɛɟvɛrɛz]
manusear (vt)	bánik	[baːnik]

| Sentido! | Vigyázz! | [viɟaːzz] |
| Descansar! | Pihenj! | [pihɛɲ] |

façanha (f)	hőstett	[høːʃtɛtt]
juramento (m)	eskü	[ɛʃky]
jurar (vi)	esküszik	[ɛʃkysik]

condecoração (f)	kitüntetés	[kityntɛteːʃ]
condecorar (vt)	kitüntet	[kityntɛt]
medalha (f)	érem	[eːrɛm]
ordem (f)	rendjel	[rɛɲɟɛl]

vitória (f)	győzelem	[ɟøːzɛlɛm]
derrota (f)	vereség	[vɛrɛʃeːg]
armistício (m)	fegyverszünet	[fɛɟvɛrsynɛt]

bandeira (f)	zászló	[zaːsloː]
glória (f)	dicsőség	[ditʃøːʃeːg]
parada (f)	díszszemle	[diːssɛmlɛ]
marchar (vi)	menetel	[mɛnɛtɛl]

114. Armas

arma (f)	fegyver	[fɛɟvɛr]
arma (f) de fogo	lőfegyver	[løːfɛɟvɛr]
arma (f) branca	vágó és szúrófegyver	[vaːgoː eːʃ suːroːfɛɟvɛr]

arma (f) química	vegyifegyver	[vɛɟifɛɟvɛr]
nuclear (adj)	nukleáris	[nuklɛaːriʃ]
arma (f) nuclear	nukleáris fegyver	[nuklɛaːriʃ fɛɟvɛr]

| bomba (f) | bomba | [bombɒ] |
| bomba (f) atômica | atombomba | [ɒtombombɒ] |

| pistola (f) | pisztoly | [pistoj] |
| rifle (m) | puska | [puʃkɒ] |

semi-automática (f)	géppisztoly	[ge:ppistoj]
metralhadora (f)	géppuska	[ge:ppuʃkɒ]
boca (f)	cső	[ʧø:]
cano (m)	fegyvercső	[fɛɟvɛrʧø:]
calibre (m)	kaliber	[kɒlibɛr]
gatilho (m)	ravasz	[rɒvɒs]
mira (f)	irányzék	[ira:ɲze:k]
carregador (m)	tár	[ta:r]
coronha (f)	puskatus	[puʃkɒtuʃ]
granada (f) de mão	gránát	[gra:na:t]
explosivo (m)	robbanóanyag	[robbɒno:ɒɲɒg]
bala (f)	golyó	[gojo:]
cartucho (m)	töltény	[tølte:ɲ]
carga (f)	töltet	[tøltɛt]
munições (f pl)	lőszer	[lø:sɛr]
bombardeiro (m)	bombázó	[bomba:zo:]
avião (m) de caça	vadászgép	[vɒda:sge:p]
helicóptero (m)	helikopter	[hɛlikoptɛr]
canhão (m) antiaéreo	légvédelmi ágyú	[le:gve:dɛlmi a:ɟu:]
tanque (m)	harckocsi	[hɒrtskoʧi]
canhão (de um tanque)	ágyú	[a:ɟu:]
artilharia (f)	tüzérség	[tyze:rʃe:g]
fazer a pontaria	céloz	[tse:loz]
projétil (m)	lövedék	[løvɛde:k]
granada (f) de morteiro	akna	[ɒknɒ]
morteiro (m)	aknavető	[ɒknɒvɛtø:]
estilhaço (m)	szilánk	[sila:ŋk]
submarino (m)	tengeralattjáró	[tɛŋgɛrɒlɒttja:ro:]
torpedo (m)	torpedó	[torpɛdo:]
míssil (m)	rakéta	[rɒke:tɒ]
carregar (uma arma)	megtölt	[mɛgtølt]
disparar, atirar (vi)	lő	[lø:]
apontar para …	céloz	[tse:loz]
baioneta (f)	szurony	[suroɲ]
espada (f)	párbajtőr	[pa:rbɒjtø:r]
sabre (m)	szablya	[sɒbjɒ]
lança (f)	dárda	[da:rdɒ]
arco (m)	íj	[i:j]
flecha (f)	nyíl	[ɲi:l]
mosquete (m)	muskéta	[muʃke:tɒ]
besta (f)	számszeríj	[sa:msɛri:j]

115. Povos da antiguidade

primitivo (adj)	ősi	[ø:ʃi]
pré-histórico (adj)	történelem előtti	[tørte:nɛlɛm ɛlø:tti]
antigo (adj)	ősi	[ø:ʃi]

Idade (f) da Pedra	kőkorszak	[kø:korsɒk]
Idade (f) do Bronze	bronzkor	[bronskor]
Era (f) do Gelo	jégkorszak	[je:gkorsɒk]

tribo (f)	törzs	[tørʒ]
canibal (m)	emberevő	[ɛmbɛrɛvø:]
caçador (m)	vadász	[vɒda:s]
caçar (vi)	vadászik	[vɒda:sik]
mamute (m)	mamut	[mɒmut]

caverna (f)	barlang	[bɒrlɒŋg]
fogo (m)	tűz	[ty:z]
fogueira (f)	tábortűz	[ta:borty:z]
pintura (f) rupestre	barlangrajz	[bɒrlɒŋg rɒjz]

ferramenta (f)	munkaeszköz	[muŋkɒɛskøz]
lança (f)	dárda	[da:rdɒ]
machado (m) de pedra	kőfejsze	[kø:fɛjsɛ]
guerrear (vt)	harcol	[hɒrtsol]
domesticar (vt)	szelídít	[sɛli:di:t]

ídolo (m)	bálvány	[ba:lvaɲ]
adorar, venerar (vt)	imád	[ima:d]
superstição (f)	babona	[bɒbonɒ]

evolução (f)	fejlődés	[fɛjlø:de:ʃ]
desenvolvimento (m)	fejlődés	[fɛjlø:de:ʃ]
extinção (f)	eltűnés	[ɛlty:ne:ʃ]
adaptar-se (vr)	alkalmazkodik	[ɒlkɒlmɒskodik]

arqueologia (f)	régészet	[re:ge:sɛt]
arqueólogo (m)	régész	[re:ge:s]
arqueológico (adj)	régészeti	[re:ge:sɛti]

escavação (sítio)	ásatások	[a:ʃɒta:ʃok]
escavações (f pl)	ásatások	[a:ʃɒta:ʃok]
achado (m)	lelet	[lɛlɛt]
fragmento (m)	töredék	[tørɛde:k]

116. Idade média

povo (m)	nép	[ne:p]
povos (m pl)	népek	[ne:pɛk]
tribo (f)	törzs	[tørʒ]
tribos (f pl)	törzsek	[tørʒɛk]
bárbaros (pl)	barbárok	[bɒrba:rok]
galeses (pl)	gallok	[gɒllok]

godos (pl)	gótok	[go:tok]
eslavos (pl)	szlávok	[sla:vok]
viquingues (pl)	vikingek	[vikiŋgɛk]

| romanos (pl) | rómaiak | [ro:mɒjɒk] |
| romano (adj) | római | [ro:mɒi] |

bizantinos (pl)	bizánciak	[biza:ntsiɒk]
Bizâncio	Bizánc	[biza:nts]
bizantino (adj)	bizánci	[biza:ntsi]

imperador (m)	császár	[ʧa:sa:r]
líder (m)	törzsfőnök	[tørʒfø:nøk]
poderoso (adj)	hatalmas	[hɒtɒlmɒʃ]
rei (m)	király	[kira:j]
governante (m)	uralkodó	[urɒlkodo:]

cavaleiro (m)	lovag	[lovɒg]
senhor feudal (m)	hűbérúr	[hy:be:ru:r]
feudal (adj)	hűbéri	[hy:be:ri]
vassalo (m)	hűbéres	[hy:be:rɛʃ]

duque (m)	herceg	[hɛrtsɛg]
conde (m)	gróf	[gro:f]
barão (m)	báró	[ba:ro:]
bispo (m)	püspök	[pyʃpøk]

armadura (f)	fegyverzet	[fɛɟvɛrzɛt]
escudo (m)	pajzs	[pɒjʒ]
espada (f)	kard	[kɒrd]
viseira (f)	sisakrostély	[ʃiʃɒkroʃte:j]
cota (f) de malha	páncéling	[pa:ntse:liŋg]

| cruzada (f) | keresztes hadjárat | [kɛrɛstɛʃ hɒdja:rɒt] |
| cruzado (m) | keresztes lovag | [kɛrɛstɛʃ lovɒg] |

território (m)	terület	[tɛrylɛt]
atacar (vt)	támad	[ta:mɒd]
conquistar (vt)	meghódít	[mɛgho:di:t]
ocupar, invadir (vt)	meghódít	[mɛgho:di:t]

assédio, sítio (m)	ostrom	[oʃtrom]
sitiado (adj)	ostromolt	[oʃtromolt]
assediar, sitiar (vt)	ostromol	[oʃtromol]

inquisição (f)	inkvizíció	[iŋkvizi:tsio:]
inquisidor (m)	inkvizítor	[iŋkvizi:tor]
tortura (f)	kínvallatás	[ki:nvɒllɒta:ʃ]
cruel (adj)	kegyetlen	[kɛɟɛtlɛn]
herege (m)	eretnek	[ɛrɛtnɛk]
heresia (f)	eretnekség	[ɛrɛtnɛkʃe:g]

navegação (f) marítima	tengerhajózás	[tɛŋgɛr hɒjo:za:ʃ]
pirata (m)	kalóz	[kɒlo:z]
pirataria (f)	kalózság	[kɒlo:zʃa:g]
abordagem (f)	csáklyázás	[ʧa:kja:za:ʃ]

| presa (f), butim (m) | zsákmány | [ʒa:kma:ɲ] |
| tesouros (m pl) | kincsek | [kintʃɛk] |

descobrimento (m)	felfedezés	[fɛlfɛdɛze:ʃ]
descobrir (novas terras)	felfedez	[fɛlfɛdɛz]
expedição (f)	kutatóút	[kutɒto:u:t]

mosqueteiro (m)	muskétás	[muʃke:ta:ʃ]
cardeal (m)	bíboros	[bi:boroʃ]
heráldica (f)	címertan	[tsi:mɛrtɒn]
heráldico (adj)	címertani	[tsi:mɛrtɒni]

117. Líder. Chefe. Autoridades

rei (m)	király	[kira:j]
rainha (f)	királynő	[kira:jnø:]
real (adj)	királyi	[kira:ji]
reino (m)	királyság	[kira:jʃa:g]

| príncipe (m) | herceg | [hɛrtsɛg] |
| princesa (f) | hercegnő | [hɛrtsɛgnø:] |

presidente (m)	elnök	[ɛlnøk]
vice-presidente (m)	alelnök	[ɒlɛlnøk]
senador (m)	szenátor	[sɛna:tor]

monarca (m)	egyeduralkodó	[ɛɟɛɟurɒlkodo:]
governante (m)	uralkodó	[urɒlkodo:]
ditador (m)	diktátor	[dikta:tor]
tirano (m)	zsarnok	[ʒɒrnok]
magnata (m)	mágnás	[ma:gna:ʃ]

diretor (m)	igazgató	[igɒzgɒto:]
chefe (m)	főnök	[fø:nøk]
gerente (m)	vezető	[vɛzɛtø:]

| patrão (m) | főnök | [fø:nøk] |
| dono (m) | tulajdonos | [tulɒjdonoʃ] |

chefe (m)	vezető	[vɛzɛtø:]
autoridades (f pl)	hatóságok	[hɒto:ʃa:gok]
superiores (m pl)	vezetőség	[vɛzɛtø:ʃe:g]

governador (m)	kormányzó	[korma:ɲzo:]
cônsul (m)	konzul	[konzul]
diplomata (m)	diplomata	[diplomɒtɒ]

| Presidente (m) da Câmara | polgármester | [polga:rmɛʃtɛr] |
| xerife (m) | seriff | [ʃɛriff] |

imperador (m)	császár	[tʃa:sa:r]
czar (m)	cár	[tsa:r]
faraó (m)	fáraó	[fa:rɒo:]
cã, khan (m)	kán	[ka:n]

118. Violação da lei. Criminosos. Parte 1

bandido (m)	bandita	[bɒnditɒ]
crime (m)	bűntett	[by:ntɛtt]
criminoso (m)	bűnöző	[by:nøzø:]
ladrão (m)	tolvaj	[tolvɒj]
roubar (vt)	lop	[lop]
furto, roubo (m)	lopás	[lopa:ʃ]
raptar, sequestrar (vt)	elrabol	[ɛlrɒbol]
sequestro (m)	elrablás	[ɛlrɒbla:ʃ]
sequestrador (m)	elrabló	[ɛlrɒblo:]
resgate (m)	váltságdíj	[va:ltʃa:gdi:j]
pedir resgate	váltságdíjat követel	[va:ltʃa:gdi:jɒt køvɛtɛl]
roubar (vt)	kirabol	[kirɒbol]
assaltante (m)	rabló	[rɒblo:]
extorquir (vt)	kizsarol	[kiʒɒrol]
extorsionário (m)	zsaroló	[ʒɒrolo:]
extorsão (f)	zsarolás	[ʒɒrola:ʃ]
matar, assassinar (vt)	megöl	[mɛgøl]
homicídio (m)	gyilkosság	[ɟilkoʃa:g]
homicida, assassino (m)	gyilkos	[ɟilkoʃ]
tiro (m)	lövés	[løve:ʃ]
dar um tiro	lő	[lø:]
matar a tiro	agyonlő	[ɒɟɒnlø:]
disparar, atirar (vi)	tüzel	[tyzɛl]
tiroteio (m)	tüzelés	[tyzɛle:ʃ]
incidente (m)	eset	[ɛʃɛt]
briga (~ de rua)	verekedés	[vɛrɛkɛde:ʃ]
Socorro!	Segítség!	[ʃɛgi:tʃe:g]
vítima (f)	áldozat	[a:ldozɒt]
danificar (vt)	megrongál	[mɛgroŋga:l]
dano (m)	kár	[ka:r]
cadáver (m)	hulla	[hullɒ]
grave (adj)	súlyos	[ʃu:joʃ]
atacar (vt)	támad	[ta:mɒd]
bater (espancar)	üt	[yt]
espancar (vt)	megver	[mɛgvɛr]
tirar, roubar (dinheiro)	elvesz	[ɛlvɛs]
esfaquear (vt)	levág	[lɛva:g]
mutilar (vt)	megcsonkít	[mɛgtʃoŋki:t]
ferir (vt)	megsebez	[mɛgʃɛbɛz]
chantagem (f)	zsarolás	[ʒɒrola:ʃ]
chantagear (vt)	zsarol	[ʒɒrol]
chantagista (m)	zsaroló	[ʒɒrolo:]

extorsão (f)	védelmi pénz zsarolása	[ve:dɛlmi pe:nz ʒɒrola:ʃɒ]
extorsionário (m)	védelmi pénz beszedője	[ve:dɛlmi pe:nz bɛsɛdø:jɛ]
gângster (m)	gengszter	[gɛŋgstɛr]
máfia (f)	maffia	[mɒffiɒ]

punguista (m)	zsebtolvaj	[ʒɛptolvɒj]
assaltante, ladrão (m)	betörő	[bɛtørø:]
contrabando (m)	csempészés	[ʧɛmpe:se:ʃ]
contrabandista (m)	csempész	[ʧɛmpe:s]

falsificação (f)	hamisítás	[hɒmiʃi:ta:ʃ]
falsificar (vt)	hamisít	[hɒmiʃi:t]
falsificado (adj)	hamisított	[hɒmiʃi:tott]

119. Violação da lei. Criminosos. Parte 2

estupro (m)	erőszakolás	[ɛrø:sɒkola:ʃ]
estuprar (vt)	erőszakol	[ɛrø:sɒkol]
estuprador (m)	erőszakos	[ɛrø:sɒkoʃ]
maníaco (m)	megszállott	[mɛksa:llott]

prostituta (f)	prostituált nő	[proʃtitua:lt nø:]
prostituição (f)	prostitúció	[proʃtitu:tsio:]
cafetão (m)	strici	[ʃtritsi]

| drogado (m) | narkós | [nɒrko:ʃ] |
| traficante (m) | kábítószerkereskedő | [ka:bi:to:sɛrkɛrɛʃkɛdø] |

explodir (vt)	felrobbant	[fɛlrobbɒnt]
explosão (f)	robbanás	[robbɒna:ʃ]
incendiar (vt)	felgyújt	[fɛlʝu:jt]
incendiário (m)	gyújtogató	[ʝu:jtogɒto:]

terrorismo (m)	terrorizmus	[tɛrrorizmuʃ]
terrorista (m)	terrorista	[tɛrroriʃtɒ]
refém (m)	túsz	[tu:s]

enganar (vt)	megcsal	[mɛgʧɒl]
engano (m)	csalás	[ʧɒla:ʃ]
vigarista (m)	csaló	[ʧɒlo:]

subornar (vt)	megveszteget	[mɛgvɛstɛgɛt]
suborno (atividade)	megvesztegetés	[mɛgvɛstɛgɛte:ʃ]
suborno (dinheiro)	csúszópénz	[ʧu:so:pe:nz]

veneno (m)	méreg	[me:rɛg]
envenenar (vt)	megmérgez	[mɛgme:rgɛz]
envenenar-se (vr)	megmérgezi magát	[mɛgme:rgɛzi mɒga:t]

| suicídio (m) | öngyilkosság | [øɲʝilkoʃa:g] |
| suicida (m) | öngyilkos | [øɲʝilkoʃ] |

| ameaçar (vt) | fenyeget | [fɛnɛgɛt] |
| ameaça (f) | fenyegetés | [fɛnɛgɛte:ʃ] |

atentar contra a vida de ...	megkísért	[mɛkki:ʃe:rt]
atentado (m)	merénylet	[mɛre:ɲlɛt]
roubar (um carro)	ellop	[ɛllop]
sequestrar (um avião)	eltérít	[ɛlte:ri:t]
vingança (f)	bosszú	[bossu:]
vingar (vt)	megbosszul	[mɛgbossul]
torturar (vt)	kínoz	[ki:noz]
tortura (f)	kínvallatás	[ki:nvɒllɒta:ʃ]
atormentar (vt)	gyötör	[ɟøtør]
pirata (m)	kalóz	[kɒlo:z]
desordeiro (m)	huligán	[huliga:n]
armado (adj)	fegyveres	[fɛɟvɛrɛʃ]
violência (f)	erőszak	[ɛrø:sɒk]
espionagem (f)	kémkedés	[ke:mkɛde:ʃ]
espionar (vi)	kémkedik	[ke:mkɛdik]

120. Polícia. Lei. Parte 1

justiça (sistema de ~)	igazságügy	[igɒʃa:gyɟ]
tribunal (m)	bíróság	[bi:ro:ʃa:g]
juiz (m)	bíró	[bi:ro:]
jurados (m pl)	esküdtek	[ɛʃkyttɛk]
tribunal (m) do júri	esküdtbíróság	[ɛʃkyttbi:ro:ʃa:g]
julgar (vt)	elítél	[ɛli:te:l]
advogado (m)	ügyvéd	[yɟve:d]
réu (m)	vádlott	[va:dlott]
banco (m) dos réus	vádlottak padja	[va:dlottɒk pɒɟɒ]
acusação (f)	vád	[va:d]
acusado (m)	vádlott	[va:dlott]
sentença (f)	ítélet	[i:te:lɛt]
sentenciar (vt)	elítél	[ɛli:te:l]
culpado (m)	bűnös	[by:nøʃ]
punir (vt)	büntet	[byntɛt]
punição (f)	büntetés	[byntɛte:ʃ]
multa (f)	pénzbüntetés	[pe:nzbyntɛte:ʃ]
pena (f) de morte	halálbüntetés	[hɒla:lbyntɛte:ʃ]
cadeira (f) elétrica	villamosszék	[villɒmoʃse:k]
forca (f)	akasztófa	[ɒkɒsto:fɒ]
executar (vt)	kivégez	[kive:gɛz]
execução (f)	kivégzés	[kive:gze:ʃ]
prisão (f)	börtön	[børtøn]
cela (f) de prisão	cella	[tsɛllɒ]

escolta (f)	őrkíséret	[ø:rki:ʃe:rɛt]
guarda (m) prisional	börtönőr	[børtønø:r]
preso, prisioneiro (m)	fogoly	[fogoj]

| algemas (f pl) | kézbilincs | [ke:zbilintʃ] |
| algemar (vt) | megbilincsel | [mɛgbilintʃɛl] |

fuga, evasão (f)	szökés	[søke:ʃ]
fugir (vi)	megszökik	[mɛgsøkik]
desaparecer (vi)	eltűnik	[ɛlty:nik]
soltar, libertar (vt)	megszabadít	[mɛgsɒbɒdi:t]
anistia (f)	közkegyelem	[køskɛɟɛlɛm]

polícia (instituição)	rendőrség	[rɛndø:rʃe:g]
polícia (m)	rendőr	[rɛndø:r]
delegacia (f) de polícia	rendőrőrszoba	[rɛndø:rø:rsobɒ]
cassetete (m)	gumibot	[gumibot]
megafone (m)	hangtölcsér	[hɒŋg tøltʃe:r]

carro (m) de patrulha	járőrszolgálat	[ja:rø:r solga:lɒt]
sirene (f)	sziréna	[sire:na]
ligar a sirene	bekapcsolja a szirénát	[bɛkɒptʃojo ɒ sire:na:t]
toque (m) da sirene	szirénahang	[sire:nɒhɒŋg]

cena (f) do crime	helyszín	[hɛjsi:n]
testemunha (f)	tanú	[tɒnu:]
liberdade (f)	szabadság	[sɒbɒdʃa:g]
cúmplice (m)	bűntárs	[by:nta:rʃ]
escapar (vi)	elbújik	[ɛlbu:jik]
traço (não deixar ~s)	nyom	[ɲom]

121. Polícia. Lei. Parte 2

procura (f)	körözés	[kørøze:ʃ]
procurar (vt)	keres	[kɛrɛʃ]
suspeita (f)	gyanú	[ɟonu:]
suspeito (adj)	gyanús	[ɟonu:ʃ]
parar (veículo, etc.)	megállít	[mɛga:lli:t]
deter (fazer parar)	letartóztat	[lɛtɒrto:ztɒt]

caso (~ criminal)	ügy	[yɟ]
investigação (f)	vizsgálat	[viʒga:lɒt]
detetive (m)	nyomozó	[ɲomozo:]
investigador (m)	vizsgáló	[viʒga:lo:]
versão (f)	verzió	[vɛrzio:]

motivo (m)	indok	[indok]
interrogatório (m)	vallatás	[vɒllɒta:ʃ]
interrogar (vt)	vallat	[vɒllɒt]
questionar (vt)	kikérdez	[kike:rdɛz]
verificação (f)	ellenőrzés	[ɛllɛnø:rze:ʃ]

| batida (f) policial | razzia | [rɒzziɒ] |
| busca (f) | átkutatás | [a:tkutɒta:ʃ] |

perseguição (f)	üldözés	[yldøze:ʃ]
perseguir (vt)	üldöz	[yldøz]
seguir, rastrear (vt)	követ	[køvɛt]

prisão (f)	letartóztatás	[lɛtɒrto:ztɒta:ʃ]
prender (vt)	letartóztat	[lɛtɒrto:ztɒt]
pegar, capturar (vt)	elfog	[ɛlfog]
captura (f)	elfogás	[ɛlfoga:ʃ]

documento (m)	irat	[irɒt]
prova (f)	bizonyíték	[bizoni:te:k]
provar (vt)	bebizonyít	[bɛbizoni:t]
pegada (f)	nyom	[ɲom]
impressões (f pl) digitais	ujjlenyomat	[ujjlɛnɵmɒt]
prova (f)	bizonyíték	[bizoni:te:k]

álibi (m)	alibi	[ɒlibi]
inocente (adj)	ártatlan	[a:rtɒtlɒn]
injustiça (f)	igazságtalanság	[igɒʃa:gtɒlɒnʃa:g]
injusto (adj)	igazságtalan	[igɒʃa:gtɒlɒn]

criminal (adj)	krimi	[krimi]
confiscar (vt)	elkoboz	[ɛlkoboz]
droga (f)	kábítószer	[ka:bi:to:sɛr]
arma (f)	fegyver	[fɛɟvɛr]
desarmar (vt)	lefegyverez	[lɛfɛɟvɛrɛz]
ordenar (vt)	parancsol	[pɒrɒnʧol]
desaparecer (vi)	eltűnik	[ɛlty:nik]

lei (f)	törvény	[tørve:ɲ]
legal (adj)	törvényes	[tørve:nɛʃ]
ilegal (adj)	törvénytelen	[tørve:ɲtɛlɛn]

| responsabilidade (f) | felelősség | [fɛlɛlø:ʃe:g] |
| responsável (adj) | felelős | [fɛlɛlø:ʃ] |

NATUREZA

A Terra. Parte 1

122. Espaço sideral

espaço, cosmo (m)	világűr	[vila:gy:r]
espacial, cósmico (adj)	űr	[y:r]
espaço (m) cósmico	világűr	[vila:gy:r]
mundo (m)	világmindenség	[vila:g mindɛnʃe:g]
universo (m)	világegyetem	[vila:gɛɟɛtɛm]
galáxia (f)	galaxis	[gɒlɒksis]
estrela (f)	csillag	[ʧillɒg]
constelação (f)	csillagzat	[ʧillɒgzɒt]
planeta (m)	bolygó	[bojgo:]
satélite (m)	műhold	[my:hold]
meteorito (m)	meteorit	[mɛtɛorit]
cometa (m)	üstökös	[yʃtøkøʃ]
asteroide (m)	aszteroida	[ɒstɛroidɒ]
órbita (f)	égitest pályája	[e:gitɛʃt pa:ja:jɒ]
girar (vi)	kering	[kɛriŋg]
atmosfera (f)	légkör	[le:gkør]
Sol (m)	a Nap	[ɒ nɒp]
Sistema (m) Solar	naprendszer	[nɒprɛndsɛr]
eclipse (m) solar	napfogyatkozás	[nɒpfoɟotkoza:ʃ]
Terra (f)	a Föld	[ɒ føld]
Lua (f)	a Hold	[ɒ hold]
Marte (m)	Mars	[mɒrʃ]
Vênus (f)	Vénusz	[ve:nus]
Júpiter (m)	Jupiter	[jupitɛr]
Saturno (m)	Szaturnusz	[sɒturnus]
Mercúrio (m)	Merkúr	[mɛrkur]
Urano (m)	Uranus	[urɒnuʃ]
Netuno (m)	Neptunusz	[nɛptunus]
Plutão (m)	Plútó	[plu:to:]
Via Láctea (f)	Tejút	[tɛju:t]
Ursa Maior (f)	Göncölszekér	[gøntsølsɛke:r]
Estrela Polar (f)	Sarkcsillag	[ʃɒrkʧillɒg]
marciano (m)	marslakó	[mɒrʃloko:]
extraterrestre (m)	földönkívüli	[føldønki:vyli]

| alienígena (m) | űrlény | [y:rle:ɲ] |
| disco (m) voador | ufó | [ufo:] |

espaçonave (f)	űrhajó	[y:rhɒjo:]
estação (f) orbital	orbitális űrállomás	[orbita:liʃ y:ra:lloma:ʃ]
lançamento (m)	rajt	[rɒjt]

motor (m)	hajtómű	[hɒjto:my:]
bocal (m)	fúvóka	[fu:vo:kɒ]
combustível (m)	fűtőanyag	[fy:tø:ɒɲɒg]

cabine (f)	fülke	[fylkɛ]
antena (f)	antenna	[ɒntɛnnɒ]
vigia (f)	hajóablak	[hɒjo:ɒblɒk]
bateria (f) solar	napelem	[nɒpɛlɛm]
traje (m) espacial	űrhajósruha	[y:rhɒjo:ʃ ruhɒ]

| imponderabilidade (f) | súlytalanság | [ʃu:jtɒlɒnʃa:g] |
| oxigênio (m) | oxigén | [oksige:n] |

| acoplagem (f) | összekapcsolás | [øssɛkɒptʃola:ʃ] |
| fazer uma acoplagem | összekapcsol | [øssɛkɒptʃol] |

observatório (m)	csillagvizsgáló	[tʃillɒgviʒga:lo:]
telescópio (m)	távcső	[ta:vtʃø:]
observar (vt)	figyel	[fiɟɛl]
explorar (vt)	kutat	[kutɒt]

123. A Terra

Terra (f)	a Föld	[ɒ føld]
globo terrestre (Terra)	földgolyó	[føldgojo:]
planeta (m)	bolygó	[bojgo:]

atmosfera (f)	légkör	[le:gkør]
geografia (f)	földrajz	[føldrɒjz]
natureza (f)	természet	[tɛrme:sɛt]

globo (mapa esférico)	földgömb	[føldgomb]
mapa (m)	térkép	[te:rke:p]
atlas (m)	atlasz	[ɒtlɒs]

| Europa (f) | Európa | [ɛuro:pɒ] |
| Ásia (f) | Ázsia | [a:ʒiɒ] |

| África (f) | Afrika | [ɒfrikɒ] |
| Austrália (f) | Ausztrália | [ɒustra:liɒ] |

América (f)	Amerika	[ɒmɛrikɒ]
América (f) do Norte	ÉszakAmerika	[e:sɒkɒmɛrikɒ]
América (f) do Sul	DélAmerika	[de:lɒmɛrikɒ]

| Antártida (f) | Antarktisz | [ɒntɒrktis] |
| Ártico (m) | Arktisz | [ɒrktis] |

124. Pontos cardeais

norte (m)	észak	[e:sɒk]
para norte	északra	[e:sɒkrɒ]
no norte	északon	[e:sɒkon]
do norte (adj)	északi	[e:sɒki]
sul (m)	dél	[de:l]
para sul	délre	[de:lrɛ]
no sul	délen	[de:lɛn]
do sul (adj)	déli	[de:li]
oeste, ocidente (m)	nyugat	[ɲugɒt]
para oeste	nyugatra	[ɲugɒtrɒ]
no oeste	nyugaton	[ɲugɒton]
ocidental (adj)	nyugati	[ɲugɒti]
leste, oriente (m)	kelet	[kɛlɛt]
para leste	keletre	[kɛlɛtrɛ]
no leste	keleten	[kɛlɛtɛn]
oriental (adj)	keleti	[kɛlɛti]

125. Mar. Oceano

mar (m)	tenger	[tɛŋgɛr]
oceano (m)	óceán	[o:tsɛa:n]
golfo (m)	öböl	[øbøl]
estreito (m)	tengerszoros	[tɛŋgɛrsoroʃ]
continente (m)	földrész	[føldre:s]
ilha (f)	sziget	[sigɛt]
península (f)	félsziget	[fe:lsigɛt]
arquipélago (m)	szigetcsoport	[sigɛtʧoport]
baía (f)	öböl	[øbøl]
porto (m)	rév	[re:v]
lagoa (f)	lagúna	[lɒgu:nɒ]
cabo (m)	fok	[fok]
atol (m)	atoll	[ɒtoll]
recife (m)	szirt	[sirt]
coral (m)	korall	[korɒll]
recife (m) de coral	korallszirt	[korɒllsirt]
profundo (adj)	mély	[me:j]
profundidade (f)	mélység	[me:jʃe:g]
abismo (m)	abisszikus	[abissikus]
fossa (f) oceânica	mélyedés	[me:jɛde:ʃ]
corrente (f)	folyás	[foja:ʃ]
banhar (vt)	körülvesz	[kørylvɛs]
litoral (m)	part	[pɒrt]
costa (f)	part	[pɒrt]

maré (f) alta	dagály	[dɒga:j]
refluxo (m)	apály	[ɒpa:j]
restinga (f)	zátony	[za:toɲ]
fundo (m)	alj	[ɒj]

onda (f)	hullám	[hulla:m]
crista (f) da onda	taraj	[tɒrɒj]
espuma (f)	hab	[hɒb]

tempestade (f)	vihar	[vihɒr]
furacão (m)	orkán	[orka:n]
tsunami (m)	szökőár	[søkø:a:r]
calmaria (f)	szélcsend	[se:lʧɛnd]
calmo (adj)	csendes	[ʧɛndɛʃ]

| polo (m) | sark | [ʃɒrk] |
| polar (adj) | sarki | [ʃɒrki] |

latitude (f)	szélesség	[se:lɛʃe:g]
longitude (f)	hosszúság	[hossu:ʃa:g]
paralela (f)	szélességi kör	[se:lɛʃe:gi kør]
equador (m)	egyenlítő	[ɛɟɛnli:tø:]

céu (m)	ég	[e:g]
horizonte (m)	látóhatár	[la:to:hɒta:r]
ar (m)	levegő	[lɛvɛgø:]

farol (m)	világítótorony	[vila:gi:to:toroɲ]
mergulhar (vi)	lemerül	[lɛmɛryl]
afundar-se (vr)	elsüllyed	[ɛlʃyj:ɛd]
tesouros (m pl)	kincsek	[kinʧɛk]

126. Nomes de Mares e Oceanos

Oceano (m) Atlântico	Atlantióceán	[ɒtlɒntio:tsɛa:n]
Oceano (m) Índico	Indiaióceán	[indiɒio:tsɛa:n]
Oceano (m) Pacífico	Csendesóceán	[ʧɛndɛʃo:tsɛa:n]
Oceano (m) Ártico	Északisarkióceán	[e:sɒkiʃɒrkio:tsɛa:n]

Mar (m) Negro	Feketetenger	[fɛkɛtɛtɛŋgɛr]
Mar (m) Vermelho	Vöröstenger	[vørøʃtɛŋgɛr]
Mar (m) Amarelo	Sárgatenger	[ʃa:rgɒtɛŋgɛr]
Mar (m) Branco	Fehértenger	[fɛhe:rtɛŋgɛr]

Mar (m) Cáspio	Kaszpitenger	[kɒspitɛŋgɛr]
Mar (m) Morto	Holttenger	[holttɛŋgɛr]
Mar (m) Mediterrâneo	Földközitenger	[føldkøzitɛŋgɛr]

| Mar (m) Egeu | Égeitenger | [e:gɛitɛŋgɛr] |
| Mar (m) Adriático | Adriaitenger | [ɒdriɒitɛŋgɛr] |

Mar (m) Arábico	Arabtenger	[ɒrɒbtɛŋgɛr]
Mar (m) do Japão	Japántenger	[jɒpa:ntɛŋgɛr]
Mar (m) de Bering	Beringtenger	[bɛriŋtɛŋgɛr]

Mar (m) da China Meridional	Délkínaitenger	[de:lki:nɒitɛŋgɛr]
Mar (m) de Coral	Koralltenger	[korɒlltɛŋgɛr]
Mar (m) de Tasman	Tasmántenger	[tɒsma:ntɛŋgɛr]
Mar (m) do Caribe	Karibtenger	[kɒribtɛŋgɛr]

| Mar (m) de Barents | Barentstenger | [bɒrɛntʃtɛŋgɛr] |
| Mar (m) de Kara | Karatenger | [kɒrɒtɛŋgɛr] |

Mar (m) do Norte	Északitenger	[e:sɒkitɛŋgɛr]
Mar (m) Báltico	Baltitenger	[bɒltitɛŋgɛr]
Mar (m) da Noruega	Norvégtenger	[norve:gtɛŋgɛr]

127. Montanhas

montanha (f)	hegy	[hɛɟ]
cordilheira (f)	hegylánc	[hɛɟla:nts]
serra (f)	hegygerinc	[hɛɟgɛrints]

cume (m)	csúcs	[ʧu:ʧ]
pico (m)	hegyfok	[hɛɟfok]
pé (m)	láb	[la:b]
declive (m)	lejtő	[lɛjtø:]

vulcão (m)	vulkán	[vulka:n]
vulcão (m) ativo	működő vulkán	[mykødø: vulka:n]
vulcão (m) extinto	kialudt vulkán	[kiɒlutt vulka:n]

erupção (f)	kitörés	[kitøre:ʃ]
cratera (f)	vulkántölcsér	[vulka:ntøltʃe:r]
magma (m)	magma	[mɒgmɒ]
lava (f)	láva	[la:vɒ]
fundido (lava ~a)	izzó	[izzo:]
cânion, desfiladeiro (m)	kanyon	[kɒɲon]
garganta (f)	hegyszoros	[hɛɟsoroʃ]
fenda (f)	hasadék	[hɒʃɒde:k]

passo, colo (m)	hágó	[ha:go:]
planalto (m)	fennsík	[fɛnnʃi:k]
falésia (f)	szikla	[siklɒ]
colina (f)	domb	[domb]

geleira (f)	gleccser	[glɛʧɛr]
cachoeira (f)	vízesés	[vi:zɛʃe:ʃ]
gêiser (m)	szökőforrás	[søkø:forra:ʃ]
lago (m)	tó	[to:]

planície (f)	síkság	[ʃi:kʃa:g]
paisagem (f)	táj	[ta:j]
eco (m)	visszhang	[visshɒng]

alpinista (m)	alpinista	[ɒlpiniʃtɒ]
escalador (m)	sziklamászó	[siklɒ ma:so:]
conquistar (vt)	meghódít	[mɛgho:di:t]
subida, escalada (f)	megmászás	[mɛgma:sa:ʃ]

128. Nomes de montanhas

Alpes (m pl)	Alpok	[ɒlpok]
Monte Branco (m)	Mont Blanc	[mont blɒn]
Pirineus (m pl)	Pireneusok	[pirɛnɛuʃok]
Cárpatos (m pl)	Kárpátok	[ka:rpa:tok]
Urais (m pl)	Urál hegység	[ura:l hɛɟʃe:g]
Cáucaso (m)	Kaukázus	[kɒuka:zuʃ]
Elbrus (m)	Elbrusz	[ɛlbrus]
Altai (m)	Altaj hegység	[ɒltɒj hɛɟʃe:g]
Tian Shan (m)	Tiensan	[tjanʃan]
Pamir (m)	Pamír	[pɒmi:r]
Himalaia (m)	Himalája	[himɒla:jɒ]
monte Everest (m)	Everest	[ɛvɛrɛst]
Cordilheira (f) dos Andes	Andok	[ɒndok]
Kilimanjaro (m)	Kilimandzsáró	[kilimɒndʒa:ro:]

129. Rios

rio (m)	folyó	[fojo:]
fonte, nascente (f)	forrás	[forra:ʃ]
leito (m) de rio	meder	[mɛdɛr]
bacia (f)	medence	[mɛdɛntsɛ]
desaguar no …	befolyik	[bɛfojik]
afluente (m)	mellékfolyó	[mɛlle:kfojo:]
margem (do rio)	part	[pɒrt]
corrente (f)	folyás	[foja:ʃ]
rio abaixo	folyón lefelé	[fojo:n lɛfɛle:]
rio acima	folyón fölfelé	[fojo:n følfɛle:]
inundação (f)	árvíz	[a:rvi:z]
cheia (f)	áradás	[a:rɒda:ʃ]
transbordar (vi)	kiárad	[kia:rɒd]
inundar (vt)	eláraszt	[ɛla:rɒst]
banco (m) de areia	zátony	[za:toɲ]
corredeira (f)	zuhogó	[zuhogo:]
barragem (f)	gát	[ga:t]
canal (m)	csatorna	[tʃɒtornɒ]
reservatório (m) de água	víztároló	[vi:zta:rolo:]
eclusa (f)	zsilip	[ʒilip]
corpo (m) de água	vizek	[vizɛk]
pântano (m)	mocsár	[motʃa:r]
lamaçal (m)	ingovány	[iŋgova:ɲ]
redemoinho (m)	forgatag	[forgɒtɒg]
riacho (m)	patak	[pɒtɒk]

| potável (adj) | iható | [ihɒto:] |
| doce (água) | édesvízi | [e:dɛʃvi:zi] |

| gelo (m) | jég | [je:g] |
| congelar-se (vr) | befagy | [bɛfɒɟ] |

130. Nomes de rios

| rio Sena (m) | Szajna | [sɒjnɒ] |
| rio Loire (m) | Loire | [luɒr] |

rio Tâmisa (m)	Temze	[tɛmzɛ]
rio Reno (m)	Rajna	[rɒjnɒ]
rio Danúbio (m)	Duna	[dunɒ]

rio Volga (m)	Volga	[volgɒ]
rio Don (m)	Don	[don]
rio Lena (m)	Léna	[le:nɒ]

rio Amarelo (m)	Sárgafolyó	[ʃa:rgɒfojo:]
rio Yangtzé (m)	Jangce	[jɒŋgtsɛ]
rio Mekong (m)	Mekong	[mɛkoŋg]
rio Ganges (m)	Gangesz	[gɒŋgɛs]

rio Nilo (m)	Nílus	[ni:luʃ]
rio Congo (m)	Kongó	[koŋgo:]
rio Cubango (m)	Okavango	[okɒvɒŋgo]
rio Zambeze (m)	Zambézi	[zɒmbe:zi]
rio Limpopo (m)	Limpopo	[limpopo]
rio Mississippi (m)	Mississippi	[mississippi]

131. Floresta

| floresta (f), bosque (m) | erdő | [ɛrdø:] |
| florestal (adj) | erdő | [ɛrdø:] |

mata (f) fechada	sűrűség	[ʃy:ry:ʃe:g]
arvoredo (m)	erdőcske	[ɛrdø:tʃkɛ]
clareira (f)	tisztás	[tista:ʃ]

| matagal (m) | bozót | [bozo:t] |
| mato (m), caatinga (f) | cserje | [tʃɛrjɛ] |

| pequena trilha (f) | gyalogút | [ɟologu:t] |
| ravina (f) | vízmosás | [vi:zmoʃa:ʃ] |

árvore (f)	fa	[fɒ]
folha (f)	levél	[lɛve:l]
folhagem (f)	lomb	[lomb]

| queda (f) das folhas | lombhullás | [lombhulla:ʃ] |
| cair (vi) | lehull | [lɛhull] |

topo (m)	tető	[tɛtø:]
ramo (m)	ág	[a:g]
galho (m)	ág	[a:g]
botão (m)	rügy	[ryɟ]
agulha (f)	tűlevél	[ty:lɛve:l]
pinha (f)	toboz	[toboz]

buraco (m) de árvore	odú	[odu:]
ninho (m)	fészek	[fe:sɛk]
toca (f)	üreg	[yrɛg]

tronco (m)	törzs	[tørʒ]
raiz (f)	gyökér	[ɟøke:r]
casca (f) de árvore	kéreg	[ke:rɛg]
musgo (m)	moha	[mohɒ]

arrancar pela raiz	kiás	[kia:ʃ]
cortar (vt)	irt	[irt]
desflorestar (vt)	irt	[irt]
toco, cepo (m)	tönk	[tøŋk]

fogueira (f)	tábortűz	[ta:borty:z]
incêndio (m) florestal	erdőtűz	[ɛrdø:ty:z]
apagar (vt)	olt	[olt]

guarda-parque (m)	erdész	[ɛrde:s]
proteção (f)	őrzés	[ø:rze:ʃ]
proteger (a natureza)	őriz	[ø:riz]
caçador (m) furtivo	vadorzó	[vɒdorzo:]
armadilha (f)	csapda	[tʃɒbdɒ]

colher (cogumelos)	gombázik	[gomba:zik]
colher (bagas)	szed	[sɛd]
perder-se (vr)	eltéved	[ɛlte:vɛd]

132. Recursos naturais

recursos (m pl) naturais	természeti kincsek	[tɛrme:sɛti kintʃɛk]
minerais (m pl)	ásványkincsek	[a:ʃvaːɲ kintʃɛk]
depósitos (m pl)	rétegek	[re:tɛgɛk]
jazida (f)	lelőhely	[lɛlø:hɛj]

extrair (vt)	kitermel	[kitɛrmɛl]
extração (f)	kitermelés	[kitɛrmɛle:ʃ]
minério (m)	érc	[e:rts]
mina (f)	bánya	[ba:ɲɒ]
poço (m) de mina	akna	[ɒknɒ]
mineiro (m)	bányász	[ba:nja:s]

gás (m)	gáz	[ga:z]
gasoduto (m)	gázvezeték	[ga:zvɛzɛte:k]

petróleo (m)	nyersolaj	[ɲɛrʃolɒj]
oleoduto (m)	olajvezeték	[olɒjvɛzɛte:k]

poço (m) de petróleo	olajkút	[olɒjkuːt]
torre (f) petrolífera	fúrótorony	[fuːroːtoroɲ]
petroleiro (m)	tartályhajó	[tɒrtaːjhɒjoː]
areia (f)	homok	[homok]
calcário (m)	mészkő	[meːskøː]
cascalho (m)	kavics	[kɒvitʃ]
turfa (f)	tőzeg	[tøːzɛg]
argila (f)	agyag	[ɒɟog]
carvão (m)	szén	[seːn]
ferro (m)	vas	[vɒʃ]
ouro (m)	arany	[ɒrɒɲ]
prata (f)	ezüst	[ɛzyʃt]
níquel (m)	nikkel	[nikkɛl]
cobre (m)	réz	[reːz]
zinco (m)	horgany	[horgɒɲ]
manganês (m)	mangán	[mɒŋgaːn]
mercúrio (m)	higany	[higɒɲ]
chumbo (m)	ólom	[oːlom]
mineral (m)	ásvány	[aːʃvaːɲ]
cristal (m)	kristály	[kriʃtaːj]
mármore (m)	márvány	[maːrvaːɲ]
urânio (m)	uránium	[uraːnium]

A Terra. Parte 2

133. Tempo

tempo (m)	idõjárás	[idø:ja:ra:ʃ]
previsão (f) do tempo	idõjárásjelentés	[idø:ja:ra:ʃjɛlɛnte:ʃ]
temperatura (f)	hõmérséklet	[hø:me:rʃe:klɛt]
termômetro (m)	hõmérõ	[hø:me:rø:]
barômetro (m)	légsúlymérõ	[le:gʃu:jme:rø:]

umidade (f)	nedvesség	[nɛdvɛʃe:g]
calor (m)	hõség	[hø:ʃe:g]
tórrido (adj)	forró	[forro:]
está muito calor	hõség van	[hø:ʃe:g vɒn]

está calor	meleg van	[mɛlɛg vɒn]
quente (morno)	meleg	[mɛlɛg]

está frio	hideg van	[hidɛg vɒn]
frio (adj)	hideg	[hidɛg]

sol (m)	nap	[nɒp]
brilhar (vi)	süt	[ʃyt]
de sol, ensolarado	napos	[nɒpoʃ]
nascer (vi)	felkel	[fɛlkɛl]
pôr-se (vr)	lemegy	[lɛmɛɟ]

nuvem (f)	felhõ	[fɛlhø:]
nublado (adj)	felhõs	[fɛlhø:ʃ]

nuvem (f) preta	esõfelhõ	[ɛʃø:fɛlhø:]
escuro, cinzento (adj)	borús	[boru:ʃ]

chuva (f)	esõ	[ɛʃø:]
está a chover	esik az esõ	[ɛʃik ɒz ɛʃø:]

chuvoso (adj)	esõs	[ɛʃø:ʃ]
chuviscar (vi)	szemerkél	[sɛmɛrke:l]

chuva (f) torrencial	zápor	[za:por]
aguaceiro (m)	zápor	[za:por]
forte (chuva, etc.)	erõs	[ɛrø:ʃ]

poça (f)	tócsa	[to:ʧɒ]
molhar-se (vr)	ázik	[a:zik]

nevoeiro (m)	köd	[kød]
de nevoeiro	ködös	[ködøʃ]
neve (f)	hó	[ho:]
está nevando	havazik	[hɒvɒzik]

134. Tempo extremo. Catástrofes naturais

trovoada (f)	zivatar	[zivɒtɒr]
relâmpago (m)	villám	[villa:m]
relampejar (vi)	villámlik	[villa:mlik]
trovão (m)	mennydörgés	[mɛnɲdørge:ʃ]
trovejar (vi)	dörög	[dørøg]
está trovejando	mennydörög	[mɛnɲdørøg]
granizo (m)	jégeső	[je:gɛʃø:]
está caindo granizo	jég esik	[je:g ɛʃik]
inundar (vt)	elárad	[ɛla:rɒd]
inundação (f)	árvíz	[a:rvi:z]
terremoto (m)	földrengés	[føldrɛŋge:ʃ]
abalo, tremor (m)	lökés	[løke:ʃ]
epicentro (m)	epicentrum	[ɛpitsɛntrum]
erupção (f)	kitörés	[kitøre:ʃ]
lava (f)	láva	[la:vɒ]
tornado (m)	forgószél	[forgo:se:l]
tornado (m)	tornádó	[torna:do:]
tufão (m)	tájfun	[ta:jfun]
furacão (m)	orkán	[orka:n]
tempestade (f)	vihar	[vihɒr]
tsunami (m)	szökőár	[søkø:a:r]
ciclone (m)	ciklon	[tsiklon]
mau tempo (m)	rossz idő	[ross idø:]
incêndio (m)	tűz	[ty:z]
catástrofe (f)	katasztrófa	[kɒtɒstro:fɒ]
meteorito (m)	meteorit	[mɛtɛorit]
avalanche (f)	lavina	[lɒvinɒ]
deslizamento (m) de neve	hógörgeteg	[ho:gørgɛtɛg]
nevasca (f)	hóvihar	[ho:vihɒr]
tempestade (f) de neve	hóvihar	[ho:vihɒr]

Fauna

135. Mamíferos. Predadores

predador (m)	ragadozó állat	[rɒgɒdozo: a:llɒt]
tigre (m)	tigris	[tigriʃ]
leão (m)	oroszlán	[orosla:n]
lobo (m)	farkas	[fɒrkɒʃ]
raposa (f)	róka	[ro:kɒ]

jaguar (m)	jaguár	[jɒgua:r]
leopardo (m)	leopárd	[lɛopa:rd]
chita (f)	gepárd	[gɛpa:rd]

pantera (f)	párduc	[pa:rduts]
puma (m)	puma	[pumɒ]
leopardo-das-neves (m)	hópárduc	[ho:pa:rduts]
lince (m)	hiúz	[hiu:z]

coiote (m)	prérifarkas	[pre:rifɒrkɒʃ]
chacal (m)	sakál	[ʃɒka:l]
hiena (f)	hiéna	[hie:nɒ]

136. Animais selvagens

animal (m)	állat	[a:llɒt]
besta (f)	vadállat	[vɒda:llɒt]

esquilo (m)	mókus	[mo:kuʃ]
ouriço (m)	sündisznó	[ʃyndisno:]
lebre (f)	nyúl	[ɲu:l]
coelho (m)	nyúl	[ɲu:l]

texugo (m)	borz	[borz]
guaxinim (m)	mosómedve	[moʃo:mɛdvɛ]
hamster (m)	hörcsög	[hørtʃøg]
marmota (f)	mormota	[mormotɒ]

toupeira (f)	vakond	[vɒkond]
rato (m)	egér	[ɛge:r]
ratazana (f)	patkány	[pɒtka:ɲ]
morcego (m)	denevér	[dɛnɛve:r]

arminho (m)	hermelin	[hɛrmɛlin]
zibelina (f)	coboly	[tsoboj]
marta (f)	nyuszt	[ɲust]
doninha (f)	menyét	[mɛɲe:t]
visom (m)	nyérc	[ɲe:rts]

castor (m)	hódprém	[ho:dprɛ:m]
lontra (f)	vidra	[vidrɒ]
cavalo (m)	ló	[lo:]
alce (m)	jávorszarvas	[ja:vorsɒrvɒʃ]
veado (m)	szarvas	[sɒrvɒʃ]
camelo (m)	teve	[tɛvɛ]
bisão (m)	bölény	[bøle:ɲ]
auroque (m)	európai bölény	[ɛuro:pɒj bøle:ɲ]
búfalo (m)	bivaly	[bivɒj]
zebra (f)	zebra	[zɛbrɒ]
antílope (m)	antilop	[ɒntilop]
corça (f)	őz	[ø:z]
gamo (m)	dámszarvas	[da:msɒrvɒʃ]
camurça (f)	zerge	[zɛrgɛ]
javali (m)	vaddisznó	[vɒddisno:]
baleia (f)	bálna	[ba:lnɒ]
foca (f)	fóka	[fo:kɒ]
morsa (f)	rozmár	[rozma:r]
urso-marinho (m)	medvefóka	[mɛdvɛfo:kɒ]
golfinho (m)	delfin	[dɛlfin]
urso (m)	medve	[mɛdvɛ]
urso (m) polar	jegesmedve	[jɛgɛʃmɛdvɛ]
panda (m)	panda	[pɒndɒ]
macaco (m)	majom	[mɒjom]
chimpanzé (m)	csimpánz	[tʃimpa:nz]
orangotango (m)	orangután	[orɒŋguta:n]
gorila (m)	gorilla	[gorillɒ]
macaco (m)	makákó	[mɒka:ko:]
gibão (m)	gibbon	[gibbon]
elefante (m)	elefánt	[ɛlɛfa:nt]
rinoceronte (m)	orrszarvú	[orrsɒrvu:]
girafa (f)	zsiráf	[ʒira:f]
hipopótamo (m)	víziló	[vi:zilo:]
canguru (m)	kenguru	[kɛŋguru]
coala (m)	koala	[koɒlɒ]
mangusto (m)	mongúz	[moŋgu:z]
chinchila (f)	csincsilla	[tʃintʃillɒ]
cangambá (f)	bűzös borz	[by:zøʃ borz]
porco-espinho (m)	tarajos sül	[tɒrɒjoʃ ʃyl]

137. Animais domésticos

gata (f)	macska	[mɒtʃkɒ]
gato (m) macho	kandúr	[kɒndu:r]
cavalo (m)	ló	[lo:]

| garanhão (m) | mén | [me:n] |
| égua (f) | kanca | [kɒntsɒ] |

vaca (f)	tehén	[tɛhe:n]
touro (m)	bika	[bikɒ]
boi (m)	ökör	[økør]

ovelha (f)	juh	[juh]
carneiro (m)	kos	[koʃ]
cabra (f)	kecske	[kɛtʃkɛ]
bode (m)	bakkecske	[bɒkkɛtʃkɛ]

| burro (m) | szamár | [sɒma:r] |
| mula (f) | öszvér | [øsve:r] |

porco (m)	disznó	[disno:]
leitão (m)	malac	[mɒlɒts]
coelho (m)	nyúl	[ɲu:l]

| galinha (f) | tyúk | [cu:k] |
| galo (m) | kakas | [kɒkɒʃ] |

pata (f), pato (m)	kacsa	[kɒtʃɒ]
pato (m)	gácsér	[ga:tʃe:r]
ganso (m)	liba	[libɒ]

| peru (m) | pulykakakas | [pujkɒkɒkɒʃ] |
| perua (f) | pulyka | [pujkɒ] |

animais (m pl) domésticos	háziállatok	[ha:zi a:llɒtok]
domesticado (adj)	szelíd	[sɛli:d]
domesticar (vt)	megszelídít	[mɛgsɛli:di:t]
criar (vt)	tenyészt	[tɛne:st]

fazenda (f)	telep	[tɛlɛp]
aves (f pl) domésticas	baromfi	[bɒromfi]
gado (m)	jószág	[jo:sa:g]
rebanho (m), manada (f)	nyáj	[nja:j]

estábulo (m)	istálló	[iʃta:llo:]
chiqueiro (m)	disznóól	[disno:o:l]
estábulo (m)	tehénistálló	[tɛhe:niʃta:llo:]
coelheira (f)	nyúlketrec	[ɲu:lkɛtrɛts]
galinheiro (m)	tyúkól	[cu:ko:l]

138. Pássaros

pássaro (m), ave (f)	madár	[mɒda:r]
pombo (m)	galamb	[gɒlɒmb]
pardal (m)	veréb	[vɛre:b]
chapim-real (m)	cinke	[tsiŋkɛ]
pega-rabuda (f)	szarka	[sɒrkɒ]
corvo (m)	holló	[hollo:]
gralha-cinzenta (f)	varjú	[vɒrju:]

gralha-de-nuca-cinzenta (f)	csóka	[ʧoːkɒ]
gralha-calva (f)	vetési varjú	[vɛteːʃi vɒrjuː]
pato (m)	kacsa	[kɒʧɒ]
ganso (m)	liba	[libɒ]
faisão (m)	fácán	[faːtsaːn]
águia (f)	sas	[ʃɒʃ]
açor (m)	héja	[heːjɒ]
falcão (m)	sólyom	[ʃoːjom]
abutre (m)	griff	[griff]
condor (m)	kondor	[kondor]
cisne (m)	hattyú	[hɒcːuː]
grou (m)	daru	[dɒru]
cegonha (f)	gólya	[goːjɒ]
papagaio (m)	papagáj	[pɒpɒgaːj]
beija-flor (m)	kolibri	[kolibri]
pavão (m)	páva	[paːvɒ]
avestruz (m)	strucc	[ʃtruts]
garça (f)	kócsag	[koːʧɒg]
flamingo (m)	flamingó	[flɒmiŋoː]
pelicano (m)	pelikán	[pɛlikaːn]
rouxinol (m)	fülemüle	[fylɛmylɛ]
andorinha (f)	fecske	[fɛʧkɛ]
tordo-zornal (m)	rigó	[rigoː]
tordo-músico (m)	énekes rigó	[eːnɛkɛʃ rigoː]
melro-preto (m)	fekete rigó	[fɛkɛtɛ rigoː]
andorinhão (m)	sarlós fecske	[ʃɒrloːʃ fɛʧkɛ]
cotovia (f)	pacsirta	[pɒʧirtɒ]
codorna (f)	fürj	[fyrj]
pica-pau (m)	harkály	[hɒrkaːj]
cuco (m)	kakukk	[kɒkukk]
coruja (f)	bagoly	[bɒgoj]
bufo-real (m)	fülesbagoly	[fylɛʃbɒgoj]
tetraz-grande (m)	süketfajd	[ʃykɛtfɒjd]
tetraz-lira (m)	nyírfajd	[ɲiːrfɒjd]
perdiz-cinzenta (f)	fogoly	[fogoj]
estorninho (m)	seregély	[ʃɛrɛgeːj]
canário (m)	kanári	[kɒnaːri]
galinha-do-mato (f)	császármadár	[ʧaːsaːrmɒdaːr]
tentilhão (m)	erdei pinty	[ɛrdɛi piɲc]
dom-fafe (m)	pirók	[piroːk]
gaivota (f)	sirály	[ʃiraːj]
albatroz (m)	albatrosz	[ɒlbɒtros]
pinguim (m)	pingvin	[piŋgvin]

139. Peixes. Animais marinhos

brema (f)	dévérkeszeg	[de:ve:rkɛsɛg]
carpa (f)	ponty	[poɲc]
perca (f)	folyami sügér	[fojɒmi ʃyge:r]
siluro (m)	harcsa	[hɒrʧɒ]
lúcio (m)	csuka	[ʧukɒ]
salmão (m)	lazac	[lɒzɒts]
esturjão (m)	tokhal	[tokhɒl]
arenque (m)	hering	[hɛriŋg]
salmão (m) do Atlântico	lazac	[lɒzɒts]
cavala, sarda (f)	makréla	[mɒkre:lɒ]
solha (f), linguado (m)	lepényhal	[lɛpe:ɲhɒl]
lúcio perca (m)	fogas	[fogɒʃ]
bacalhau (m)	tőkehal	[tø:kɛhɒl]
atum (m)	tonhal	[tonhɒl]
truta (f)	pisztráng	[pistra:ŋg]
enguia (f)	angolna	[ɒŋgolnɒ]
raia (f) elétrica	villamos rája	[villɒmoʃ ra:jɒ]
moreia (f)	muréna	[mure:nɒ]
piranha (f)	pirája	[pira:jɒ]
tubarão (m)	cápa	[tsa:pɒ]
golfinho (m)	delfin	[dɛlfin]
baleia (f)	bálna	[ba:lnɒ]
caranguejo (m)	tarisznyarák	[tɒrisɲɒra:k]
água-viva (f)	medúza	[mɛdu:zɒ]
polvo (m)	nyolckarú polip	[ɲoltskɒru: polip]
estrela-do-mar (f)	tengeri csillag	[tɛŋgɛri ʧillɒg]
ouriço-do-mar (m)	tengeri sün	[tɛŋgɛri ʃyn]
cavalo-marinho (m)	tengeri csikó	[tɛŋgɛri ʧiko:]
ostra (f)	osztriga	[ostrigɒ]
camarão (m)	garnélarák	[gɒrne:lɒra:k]
lagosta (f)	homár	[homa:r]
lagosta (f)	languszta	[lɒŋgustɒ]

140. Anfíbios. Répteis

cobra (f)	kígyó	[ki:ɟø:]
venenoso (adj)	mérges	[me:rgɛʃ]
víbora (f)	vipera	[vipɛrɒ]
naja (f)	kobra	[kobrɒ]
píton (m)	piton	[piton]
jiboia (f)	boa	[boɒ]
cobra-de-água (f)	sikló	[ʃiklo:]

| cascavel (f) | csörgőkígyó | [ʧørgø:kiɟø:] |
| anaconda (f) | anakonda | [ɒnɒkondɒ] |

lagarto (m)	gyík	[ɟi:k]
iguana (f)	leguán	[lɛgua:n]
varano (m)	varánusz	[vɒra:nus]
salamandra (f)	szalamandra	[sɒlɒmɒndrɒ]
camaleão (m)	kaméleon	[kɒme:lɛon]
escorpião (m)	skorpió	[ʃkorpio:]

tartaruga (f)	teknősbéka	[tɛknø:ʃbe:kɒ]
rã (f)	béka	[be:kɒ]
sapo (m)	varangy	[vɒrɒɲ]
crocodilo (m)	krokodil	[krokodil]

141. Insetos

inseto (m)	rovar	[rovɒr]
borboleta (f)	lepke	[lɛpkɛ]
formiga (f)	hangya	[hɒɲɒ]
mosca (f)	légy	[le:ɟ]
mosquito (m)	szúnyog	[su:nøg]
escaravelho (m)	bogár	[boga:r]

vespa (f)	darázs	[dɒra:ʒ]
abelha (f)	méh	[me:h]
mamangaba (f)	poszméh	[posme:h]
moscardo (m)	bögöly	[bøgøj]

| aranha (f) | pók | [po:k] |
| teia (f) de aranha | pókháló | [po:kha:lo:] |

libélula (f)	szitakötő	[sitɒkøtø:]
gafanhoto (m)	tücsök	[tyʧøk]
traça (f)	pillangó	[pillɒngo:]

barata (f)	svábbogár	[ʃva:bbogá:r]
carrapato (m)	kullancs	[kullɒnʧ]
pulga (f)	bolha	[bolhɒ]
borrachudo (m)	muslica	[muʃlitsɒ]

gafanhoto (m)	sáska	[ʃa:ʃkɒ]
caracol (m)	csiga	[ʧigɒ]
grilo (m)	tücsök	[tyʧøk]
pirilampo, vaga-lume (m)	szentjánosbogár	[sɛntja:noʃboga:r]
joaninha (f)	katicabogár	[kɒtitsɒboga:r]
besouro (m)	cserebogár	[ʧɛrɛboga:r]

sanguessuga (f)	pióca	[pio:tsɒ]
lagarta (f)	hernyó	[hɛrnø:]
minhoca (f)	kukac	[kukɒts]
larva (f)	lárva	[la:rvɒ]

Flora

142. Árvores

árvore (f)	fa	[fɒ]
decídua (adj)	lombos	[lomboʃ]
conífera (adj)	tűlevelű	[tyːlɛvɛlyː]
perene (adj)	örökzöld	[ørøgzøld]
macieira (f)	almafa	[ɒlmɒfɒ]
pereira (f)	körte	[kørtɛ]
cerejeira (f)	cseresznyefa	[tʃɛrɛsnɛfɒ]
ginjeira (f)	meggyfa	[mɛdɟfɒ]
ameixeira (f)	szilvafa	[silvɒfɒ]
bétula (f)	nyírfa	[ɲiːrfɒ]
carvalho (m)	tölgy	[tølɟ]
tília (f)	hársfa	[haːrʃfɒ]
choupo-tremedor (m)	rezgő nyár	[rɛzgøː ɲaːr]
bordo (m)	jávorfa	[jaːvorfɒ]
espruce (m)	lucfenyő	[lutsfɛɲøː]
pinheiro (m)	erdei fenyő	[ɛrdɛi fɛɲøː]
alerce, lariço (m)	vörösfenyő	[vørøʃfɛɲøː]
abeto (m)	jegenyefenyő	[jɛgɛnɛfɛɲøː]
cedro (m)	cédrus	[tseːdruʃ]
choupo, álamo (m)	nyárfa	[ɲaːrfɒ]
tramazeira (f)	berkenye	[bɛrkɛnɛ]
salgueiro (m)	fűzfa	[fyːzfɒ]
amieiro (m)	égerfa	[ɛgeːrfɒ]
faia (f)	bükkfa	[bykkfɒ]
ulmeiro, olmo (m)	szilfa	[silfɒ]
freixo (m)	kőrisfa	[køːriʃfɒ]
castanheiro (m)	gesztenye	[gɛstɛnɛ]
magnólia (f)	magnólia	[mɒgnoːliɒ]
palmeira (f)	pálma	[paːlmɒ]
cipreste (m)	ciprusfa	[tsipruʃfɒ]
mangue (m)	mangrove	[mɒŋgrov]
embondeiro, baobá (m)	Majomkenyérfa	[mɒjomkɛneːrfɒ]
eucalipto (m)	eukaliptusz	[ɛukɒliptus]
sequoia (f)	mamutfenyő	[mɒmutfɛɲøː]

143. Arbustos

arbusto (m)	bokor	[bokor]
arbusto (m), moita (f)	cserje	[tʃɛrjɛ]

| videira (f) | szőlő | [søːløː] |
| vinhedo (m) | szőlőskert | [søːløːʃkɛrt] |

framboeseira (f)	málna	[maːlnɒ]
groselheira-vermelha (f)	ribizli	[ribizli]
groselheira (f) espinhosa	egres	[ɛgrɛʃ]

acácia (f)	akácfa	[ɒkaːtsfɒ]
bérberis (f)	sóskaborbolya	[ʃoːʃkɒ borbojɒ]
jasmim (m)	jázmin	[jaːzmin]

junípero (m)	boróka	[boroːkɒ]
roseira (f)	rózsabokor	[roːʒɒ bokor]
roseira (f) brava	vadrózsa	[vɒdroːʒɒ]

144. Frutos. Bagas

maçã (f)	alma	[ɒlmɒ]
pera (f)	körte	[kørtɛ]
ameixa (f)	szilva	[silvɒ]
morango (m)	eper	[ɛpɛr]
ginja (f)	meggy	[mɛdɟ]
cereja (f)	cseresznye	[tʃɛrɛsnɛ]
uva (f)	szőlő	[søːløː]

framboesa (f)	málna	[maːlnɒ]
groselha (f) negra	feketeribizli	[fɛkɛtɛ ribizli]
groselha (f) vermelha	pirosribizli	[piroʃribizli]
groselha (f) espinhosa	egres	[ɛgrɛʃ]
oxicoco (m)	áfonya	[aːfoɲɒ]
laranja (f)	narancs	[nɒrɒntʃ]
tangerina (f)	mandarin	[mɒndɒrin]
abacaxi (m)	ananász	[ɒnɒnaːs]
banana (f)	banán	[bɒnaːn]
tâmara (f)	datolya	[dɒtojɒ]

limão (m)	citrom	[tsitrom]
damasco (m)	sárgabarack	[ʃaːrgɒbɒrɒtsk]
pêssego (m)	őszibarack	[øːsibɒrɒtsk]
quiuí (m)	kivi	[kivi]
toranja (f)	citrancs	[tsitrɒntʃ]

baga (f)	bogyó	[boɟøː]
bagas (f pl)	bogyók	[boɟøːk]
arando (m) vermelho	vörös áfonya	[vørøʃ aːfoɲɒ]
morango-silvestre (m)	szamóca	[sɒmoːtsɒ]
mirtilo (m)	fekete áfonya	[fɛkɛtɛ aːfoɲɒ]

145. Flores. Plantas

| flor (f) | virág | [viraːg] |
| buquê (m) de flores | csokor | [tʃokor] |

rosa (f)	rózsa	[ro:ʒɒ]
tulipa (f)	tulipán	[tulipa:n]
cravo (m)	szegfű	[sɛgfy:]
gladíolo (m)	gladiólusz	[glɒdio:lus]
centáurea (f)	búzavirág	[bu:zɒvira:g]
campainha (f)	harangvirág	[hɒrɒŋgvira:g]
dente-de-leão (m)	pitypang	[picpɒŋg]
camomila (f)	kamilla	[kɒmillɒ]
aloé (m)	aloé	[ɒloe:]
cacto (m)	kaktusz	[kɒktus]
fícus (m)	gumifa	[gumifɒ]
lírio (m)	liliom	[liliom]
gerânio (m)	muskátli	[muʃka:tli]
jacinto (m)	jácint	[ja:tsint]
mimosa (f)	mimóza	[mimo:zɒ]
narciso (m)	nárcisz	[na:rtsis]
capuchinha (f)	sarkantyúvirág	[ʃɒrkɒɲcu:vira:g]
orquídea (f)	orchidea	[orhidɛɒ]
peônia (f)	pünkösdi rózsa	[pyŋkøʃdi ro:ʒɒ]
violeta (f)	ibolya	[ibojɒ]
amor-perfeito (m)	árvácska	[a:rva:rtʃkɒ]
não-me-esqueças (m)	nefelejcs	[nɛfɛlɛjtʃ]
margarida (f)	százszorszép	[sa:zsorse:p]
papoula (f)	mák	[ma:k]
cânhamo (m)	kender	[kɛndɛr]
hortelã, menta (f)	menta	[mɛntɒ]
lírio-do-vale (m)	gyöngyvirág	[døɲɟvira:g]
campânula-branca (f)	hóvirág	[ho:vira:g]
urtiga (f)	csalán	[tʃɒla:n]
azedinha (f)	sóska	[ʃo:ʃkɒ]
nenúfar (m)	tündérrózsa	[tynde:rro:ʒɒ]
samambaia (f)	páfrány	[pa:fra:ɲ]
líquen (m)	sömör	[ʃømør]
estufa (f)	melegház	[mɛlɛkha:z]
gramado (m)	gyep	[ɟɛp]
canteiro (m) de flores	virágágy	[vira:ga:ɟ]
planta (f)	növény	[nøve:ɲ]
grama (f)	fű	[fy:]
folha (f) de grama	fűszál	[fy:sa:l]
folha (f)	levél	[lɛve:l]
pétala (f)	szirom	[sirom]
talo (m)	szár	[sa:r]
tubérculo (m)	gumó	[gumo:]
broto, rebento (m)	hajtás	[hɒjta:ʃ]

espinho (m)	tüske	[tyʃkɛ]
florescer (vi)	virágzik	[vira:gzik]
murchar (vi)	elhervad	[ɛlhɛrvɒd]
cheiro (m)	illat	[illɒt]
cortar (flores)	lemetsz	[lɛmɛts]
colher (uma flor)	leszakít	[lɛsɒki:t]

146. Cereais, grãos

grão (m)	gabona	[gɒbonɒ]
cereais (plantas)	gabonanövény	[gɒbonɒnøve:ɲ]
espiga (f)	kalász	[kɒla:s]

trigo (m)	búza	[bu:zɒ]
centeio (m)	rozs	[roʒ]
aveia (f)	zab	[zɒb]
painço (m)	köles	[kølɛʃ]
cevada (f)	árpa	[a:rpɒ]

milho (m)	kukorica	[kukoritsɒ]
arroz (m)	rizs	[riʒ]
trigo-sarraceno (m)	hajdina	[hɒjdinɒ]

ervilha (f)	borsó	[borʃo:]
feijão (m) roxo	bab	[bɒb]
soja (f)	szója	[so:jɒ]
lentilha (f)	lencse	[lɛntʃɛ]
feijão (m)	bab	[bɒb]

PAÍSES. NACIONALIDADES

147. Europa Ocidental

Europa (f)	Európa	[ɛuro:pɒ]
União (f) Europeia	Európai Unió	[ɛuro:pɒi unio:]
Áustria (f)	Ausztria	[ɒustriɒ]
Grã-Bretanha (f)	NagyBritannia	[nɒɟbritɒniɒ]
Inglaterra (f)	Anglia	[ɒngliɒ]
Bélgica (f)	Belgium	[bɛlgium]
Alemanha (f)	Németország	[ne:mɛtorsa:g]
Países Baixos (m pl)	Németalföld	[ne:mɛtɒlføld]
Holanda (f)	Hollandia	[hollɒndiɒ]
Grécia (f)	Görögország	[gørøgorsa:g]
Dinamarca (f)	Dánia	[da:niɒ]
Irlanda (f)	Írország	[i:rorsa:g]
Islândia (f)	Izland	[izlɒnd]
Espanha (f)	Spanyolország	[ʃpɒɲolorsa:g]
Itália (f)	Olaszország	[olɒsorsa:g]
Chipre (m)	Ciprus	[tsipruʃ]
Malta (f)	Málta	[ma:ltɒ]
Noruega (f)	Norvégia	[norve:giɒ]
Portugal (m)	Portugália	[portuga:liɒ]
Finlândia (f)	Finnország	[finnorsa:g]
França (f)	Franciaország	[frɒntsiɒorsa:g]
Suécia (f)	Svédország	[ʃve:dorsa:g]
Suíça (f)	Svájc	[ʃva:jts]
Escócia (f)	Skócia	[ʃko:tsiɒ]
Vaticano (m)	Vatikán	[vɒtika:n]
Liechtenstein (m)	Liechtenstein	[lihtɛnʃtɒjn]
Luxemburgo (m)	Luxemburg	[luksɛmburg]
Mônaco (m)	Monaco	[monɒko]

148. Europa Central e de Leste

Albânia (f)	Albánia	[ɒlba:niɒ]
Bulgária (f)	Bulgária	[bulga:riɒ]
Hungria (f)	Magyarország	[mɒɟɒrorsa:g]
Letônia (f)	Lettország	[lɛttorsa:g]
Lituânia (f)	Litvánia	[litva:niɒ]
Polônia (f)	Lengyelország	[lɛɲɟɛlorsa:g]

Romênia (f)	Románia	[roma:niɒ]
Sérvia (f)	Szerbia	[sɛrbiɒ]
Eslováquia (f)	Szlovákia	[slova:kiɒ]
Croácia (f)	Horvátország	[horva:torsa:g]
República (f) Checa	Csehország	[ʧɛorsa:g]
Estônia (f)	Észtország	[e:storsa:g]
Bósnia e Herzegovina (f)	Bosznia és Hercegovina	[bosniɒ e:ʃ hɛntsɛgovinɒ]
Macedônia (f)	Macedónia	[mɒtsɛdo:niɒ]
Eslovênia (f)	Szlovénia	[slove:niɒ]
Montenegro (m)	Montenegró	[montɛnɛgro:]

149. Países da ex-URSS

Azerbaijão (m)	Azerbajdzsán	[ɒzɛrbɒjdʒa:n]
Armênia (f)	Örményország	[ørme:ɲorsa:g]
Belarus	Fehéroroszország	[fɛhe:rorosorsa:g]
Geórgia (f)	Grúzia	[gru:ziɒ]
Cazaquistão (m)	Kazahsztán	[kɒzɒhsta:n]
Quirguistão (m)	Kirgizisztán	[kirgizista:n]
Moldávia (f)	Moldova	[moldovɒ]
Rússia (f)	Oroszország	[orosorsa:g]
Ucrânia (f)	Ukrajna	[ukrɒjnɒ]
Tajiquistão (m)	Tádzsikisztán	[ta:dʒikista:n]
Turquemenistão (m)	Türkmenisztán	[tyrkmɛnista:n]
Uzbequistão (f)	Üzbegisztán	[yzbɛgista:n]

150. Asia

Ásia (f)	Ázsia	[a:ʒiɒ]
Vietnã (m)	Vietnam	[viɛtnɒm]
Índia (f)	India	[indiɒ]
Israel (m)	Izrael	[izrɒɛl]
China (f)	Kína	[ki:nɒ]
Líbano (m)	Libanon	[libɒnon]
Mongólia (f)	Mongólia	[moɲɟo:liɒ]
Malásia (f)	Malajzia	[mɒlɒjziɒ]
Paquistão (m)	Pakisztán	[pɒkista:n]
Arábia (f) Saudita	SzaúdArábia	[sɒu:dɒra:biɒ]
Tailândia (f)	Thaiföld	[tɒjføld]
Taiwan (m)	Tajvan	[tɒjvɒn]
Turquia (f)	Törökország	[tørøkorsa:g]
Japão (m)	Japán	[jɒpa:n]
Afeganistão (m)	Afganisztán	[ɒfgɒnista:n]
Bangladesh (m)	Banglades	[bɒŋglɒdɛʃ]

| Indonésia (f) | Indonézia | [indone:ziɒ] |
| Jordânia (f) | Jordánia | [jorda:niɒ] |

Iraque (m)	Irak	[irɒk]
Irã (m)	Irán	[ira:n]
Camboja (f)	Kambodzsa	[kɒmbodʒɒ]
Kuwait (m)	Kuvait	[kuvɛjt]

Laos (m)	Laosz	[lɒos]
Birmânia (f)	Mianmar	[miɒnmɒr]
Nepal (m)	Nepál	[nɛpa:l]
Emirados Árabes Unidos	Egyesült Arab Köztársaság	[ɛɟɛʃylt ɒrɒb køzta:rʃɒʃa:g]

| Síria (f) | Szíria | [si:riɒ] |
| Palestina (f) | Palesztína | [pɒlɛstinɒ] |

| Coreia (f) do Sul | DélKorea | [de:lkorɛɒ] |
| Coreia (f) do Norte | ÉszakKorea | [e:sɒkkorɛɒ] |

151. América do Norte

Estados Unidos da América	Amerikai Egyesült Államok	[ɒmɛrikɒi ɛɟɛʃylt a:llɒmok]
Canadá (m)	Kanada	[kɒnɒdɒ]
México (m)	Mexikó	[mɛksiko:]

152. América Central do Sul

Argentina (f)	Argentína	[ɒrgɛnti:nɒ]
Brasil (m)	Brazília	[brɒzi:liɒ]
Colômbia (f)	Kolumbia	[kolumbiɒ]

| Cuba (f) | Kuba | [kubɒ] |
| Chile (m) | Chile | [tʃilɛ] |

| Bolívia (f) | Bolívia | [boli:viɒ] |
| Venezuela (f) | Venezuela | [vɛnɛzuɛlɒ] |

| Paraguai (m) | Paraguay | [pɒrɒguɒj] |
| Peru (m) | Peru | [pɛru] |

Suriname (m)	Suriname	[surinɒm]
Uruguai (m)	Uruguay	[uruguɒj]
Equador (m)	Ecuador	[ɛkuɒdor]

| Bahamas (f pl) | Bahamaszigetek | [bɒhɒmɒsigɛtɛk] |
| Haiti (m) | Haiti | [hɒiti] |

República Dominicana	Dominikánus Köztársaság	[dominika:nuʃ køsta:rʃɒʃa:g]
Panamá (m)	Panama	[pɒnɒmɒ]
Jamaica (f)	Jamaica	[jamɒjkɒ]

153. Africa

Egito (m)	Egyiptom	[ɛɟiptom]
Marrocos	Marokkó	[mɒrokko:]
Tunísia (f)	Tunisz	[tunis]

Gana (f)	Ghána	[ga:nɒ]
Zanzibar (m)	Zanzibár	[zɒnziba:r]
Quênia (f)	Kenya	[kɛɲɒ]
Líbia (f)	Líbia	[li:biɒ]
Madagascar (m)	Madagaszkár	[mɒdɒgɒska:r]

Namíbia (f)	Namíbia	[nɒmi:biɒ]
Senegal (m)	Szenegál	[sɛnɛga:l]
Tanzânia (f)	Tanzánia	[tɒnza:niɒ]
África (f) do Sul	DélAfrikai Köztársaság	[de:lɒfrikɒi køsta:rʃɒʃa:g]

154. Austrália. Oceania

| Austrália (f) | Ausztrália | [ɒustra:liɒ] |
| Nova Zelândia (f) | ÚjZéland | [u:jze:lɒnd] |

| Tasmânia (f) | Tasmánia | [tɒsma:niɒ] |
| Polinésia (f) Francesa | Francia Polinézia | [frɒntsiɒ poline:ziɒ] |

155. Cidades

Amesterdã, Amsterdã	Amszterdam	[ɒmstɛrdɒm]
Ancara	Ankara	[ɒŋkɒrɒ]
Atenas	Athén	[ɒte:n]
Bagdade	Bagdad	[bɒgdɒd]
Bancoque	Bangkok	[bɒŋgkok]

Barcelona	Barcelona	[bɒrsɛlonɒ]
Beirute	Bejrút	[bɛjru:t]
Berlim	Berlin	[bɛrlin]
Bonn	Bonn	[bonn]
Bordéus	Bordó	[bordo:]

Bratislava	Pozsony	[poʒoɲ]
Bruxelas	Brüsszel	[bryssɛl]
Bucareste	Bukarest	[bukɒrɛst]
Budapeste	Budapest	[budɒpɛʃt]
Cairo	Kairó	[kɒiro:]

Calcutá	Kalkutta	[kɒlkuttɒ]
Chicago	Chicago	[tʃikɒgo]
Cidade do México	Mexikó	[mɛksiko:]
Copenhague	Koppenhága	[koppɛnha:gɒ]
Dar es Salaam	DaresSalaam	[dɒrɛssɒla:m]

Deli	Delhi	[dɛli]
Dubai	Dubai	[dubɒj]
Dublim	Dublin	[dublin]
Düsseldorf	Düsseldorf	[dyssɛldorf]
Estocolmo	Stockholm	[stokolm]

Florença	Firenze	[firɛnzɛ]
Frankfurt	Frankfurt	[frɒŋkfurt]
Genebra	Genf	[gɛnf]
Haia	Hága	[ha:gɒ]
Hamburgo	Hamburg	[hɒmburg]

Hanói	Hanoi	[hɒnoj]
Havana	Havanna	[hɒvɒnnɒ]
Helsinque	Helsinki	[hɛlsiŋki]
Hiroshima	Hirosima	[hirosimɒ]
Hong Kong	Hongkong	[hoŋgkoŋ]
Istambul	Isztambul	[istɒmbul]

Jerusalém	Jeruzsálem	[jɛruʒa:lɛm]
Kiev, Quieve	Kijev	[ki:jɛv]
Kuala Lumpur	Kuala Lumpur	[kuɒlɒ lumpur]
Lion	Lyon	[lion]
Lisboa	Lisszabon	[lissɒbon]

Londres	London	[london]
Los Angeles	LosAngeles	[losɒnʒɛlɛs]
Madrid	Madrid	[mɒdrid]
Marselha	Marseille	[mɒrsɛj:]
Miami	Miami	[miɒmi]

Montreal	Montreal	[monrɛɒl]
Moscou	Moszkva	[moskvɒ]
Mumbai	Bombay, Mumbai	[bombɛj], [mumbɒj]
Munique	München	[mynhɛn]
Nairóbi	Nairobi	[nɒjrobi]
Nápoles	Nápoly	[na:poli]

Nice	Nizza	[nitsɒ]
Nova York	New York	[ɲy jork]
Oslo	Oslo	[oslo]
Ottawa	Ottawa	[ottɒvɒ]
Paris	Párizs	[pa:riʒ]

Pequim	Peking	[pɛkiŋg]
Praga	Prága	[pra:gɒ]
Rio de Janeiro	Rio de Janeiro	[rio dɛ ʒɒnɛjro]
Roma	Róma	[ro:mɒ]
São Petersburgo	Szentpétervár	[sɛntpe:tɛrva:r]
Seul	Szöul	[søul]

Singapura	Szingapúr	[siŋgɒpu:r]
Sydney	Sydney	[sidnɛj]
Taipé	Tajpej	[tɒjpɛj]
Tóquio	Tokió	[tokio:]
Toronto	Toronto	[toronto]

Varsóvia	**Varsó**	[vɒrʃoː]
Veneza	**Velence**	[vɛlɛntsɛ]
Viena	**Bécs**	[beːʧ]
Washington	**Washington**	[vɒʃiŋgton]
Xangai	**Sanghaj**	[ʃɒŋghɒj]